Weiterführend empfehlen wir:

Mahnbriefe geschickt formulieren
ISBN 978-3-8029-3824-5

Die Kunst, durch Sprache zu führen
ISBN 978-3-89623-210-6

Geschäftsbriefe geschickt formulieren
ISBN 978-3-8029-3378-3

Geschickt kontern: Nie mehr sprachlos!
ISBN 978-3-8029-4629-5

Wenn die Firma krank wird
ISBN 978-3-8029-3833-7

BGB – Bürgerliches Gesetzbuch
ISBN 978-3-8029-7418-2

Das gesamte Arbeitsrecht
ISBN 978-3-8029-3803-0

HGB, GmbHG, AktG, Wirtschaftsgesetze kompakt
ISBN 978-3-8029-1900-8

Das gesamte Wirtschaftsrecht
ISBN 978-3-8029-1905-3

Weitere Titel unter: www.WALHALLA.de

Wir freuen uns über Ihr Interesse an diesem Buch. Gerne stellen wir Ihnen zusätzliche Informationen zu diesem Programmsegment zur Verfügung.

Bitte sprechen Sie uns an:

E-Mail: WALHALLA@WALHALLA.de
http://www.WALHALLA.de

Walhalla Fachverlag · Haus an der Eisernen Brücke · 93042 Regensburg
Telefon 0941/5684-0 · Telefax 0941/5684-111

Thomas Wedel

Außenstände professionell einfordern

Rechtsgrundlagen, Fristen, Musterbriefe
für erfolgreiche Mahnschreiben

5., neu bearbeitete Auflage

> Bibliografische Information der Deutschen Nationalbibliothek
> Die Deutsche Nationalbibliothek verzeichnet diese Publikation in der Deutschen Nationalbibliografie;
> detaillierte bibliografische Daten sind im Internet über http://dnb.d-nb.de abrufbar.

Zitiervorschlag:
Thomas Wedel, Außenstände professionell einfordern
Walhalla Fachverlag, Regensburg 2010

> **Hinweis:** Unsere Werke sind stets bemüht, Sie nach bestem Wissen zu informieren.
> Die vorliegende Ausgabe beruht auf dem Stand von April 2010. Verbindliche Auskünfte
> holen Sie gegebenenfalls bei einem Rechtsanwalt ein.

© Walhalla u. Praetoria Verlag GmbH & Co. KG, Regensburg, 2010
Alle Rechte, insbesondere das Recht der Vervielfältigung und Verbreitung
sowie der Übersetzung, vorbehalten. Kein Teil des Werkes darf in irgendeiner Form
(durch Fotokopie, Datenübertragung oder ein anderes Verfahren) ohne schriftliche
Genehmigung des Verlages reproduziert oder unter Verwendung elektronischer
Systeme gespeichert, verarbeitet, vervielfältigt oder verbreitet werden.
Produktion: Walhalla Fachverlag, 93042 Regensburg
Umschlaggestaltung: grubergrafik, Augsburg
Druck und Bindung: Westermann Druck Zwickau GmbH
Printed in Germany
ISBN 978-3-8029-3839-9

Schnellübersicht

Rechtliche Grundlagen	9
Mahn-Methoden	23
Mahn-Strategien	33
Der Umgang mit dem kooperativen Schuldner	47
Die Beauftragung eines Inkassounternehmens	53
Das gerichtliche Mahnverfahren	63
Die Zwangsvollstreckung	67
Kleines Schutzprogramm gegen Forderungsausfälle	75
Gesetzliche Grundlagen	87
Stichwortverzeichnis	111

*Wenn Sie geliefert haben gute Ware,
doch der Kunde rückt nicht raus das Bare,
so lesen Sie dieses Buch genau,
dann bekommen Sie das nötige
Inkasso-Know-how.*

Mit der richtigen Methode zu Ihrem Geld

Der vorliegende Ratgeber vermittelt Ihnen das für eine effektive Forderungseinziehung notwendige rechtliche und strategische Know-how. Im Vordergrund steht dabei nicht das gerichtliche Verfahren, sondern die außergerichtliche Vorgehensweise des Gläubigers.

Auch zu der durchaus interessanten Thematik des humoristischen bzw. originellen Mahnschreibens (Mahnung mit Gag!) werden Sie einige gut verwendbare Mustertexte finden.

In Bezug auf die rechtlichen Ausführungen wird empfohlen, jeden genannten Paragraphen des Bürgerlichen Gesetzbuches (BGB) und der Zivilprozessordnung (ZPO) jeweils sofort in Kapitel IX nachzulesen.

Darüber hinaus biete ich einen staatlich zugelassenen Fernlehrgang „Außenstände minimieren" mit anschließender Möglichkeit eines Abschlusses zum/zur Fachmann/Fachfrau für Forderungsmanagement FUW an. Informationen gerne per Telefon 09 11/69 44 10.

Dr. Thomas Wedel

Abkürzungen

AG	Amtsgericht
BDIK	Bundesverband Deutscher Inkasso-Unternehmen e. V.
BGB	Bürgerliches Gesetzbuch
EGRDG	Einführungsgesetz zum Rechtsdienstleitstungsgesetz
GKG	Gerichtskostengesetz
GvKostG	Gesetz über Kosten der Gerichtsvollzieher
HGB	Handelsgesetzbuch
KostO	Kostenordnung
RVG	Rechtsanwaltsvergütungsgesetz
ZPO	Zivilprozessordnung

Rechtliche Grundlagen

Anspruch und Fälligkeit 10
Schuldnerverzug 12
Durchsetzbarkeit der Forderung 19
Beweisbarkeit 21

Rechtliche Grundlagen

Anspruch und Fälligkeit

§ 194 BGB definiert, was ein Anspruch ist: Das Recht, von einem anderen ein Tun oder ein Unterlassen zu verlangen.

Ein Geldanspruch bzw. eine Geldforderung entsteht entweder kraft Gesetzes (z. B. Unterhaltsanspruch von Kindern gegen ihre Eltern), zumeist jedoch aus vertraglichen Vereinbarungen, beispielsweise aus einem Kaufvertrag.

Im bürgerlichen Recht gilt der Grundsatz der Vertragsfreiheit, das heißt es steht – von Ausnahmefällen abgesehen – jedermann frei, ob und zu welchen Bedingungen er einen Vertrag abschließen will.

Hierzu und zu weiteren Absicherungsmöglichkeiten bzw. -maßnahmen, wie vorteilhaften Klauseln und Besicherung, vergleichen Sie bitte die Ausführungen in Kapitel VIII.

Wichtig: Grundvoraussetzung für das Vorliegen einer später auch rechtlich problemlos durchsetzbaren Forderung ist zunächst, dass ein voll wirksamer Anspruch vorliegt, das heißt der Inhalt der zu erbringenden Leistung muss bestimmt bzw. zumindest eindeutig bestimmbar sein und es dürfen keine Mängel bei Vertragsabschluss vorliegen, wie beispielsweise fehlende Rechts- oder Geschäftsfähigkeit (z. B. wegen Minderjährigkeit), Sittenwidrigkeit des Vertrags, wirksame Anfechtung (z. B. wegen Willensmängeln oder wegen arglistiger Täuschung) oder Verstoß gegen Formvorschriften.

> **Praxis-Tipp:**
> Verträge, bei denen man – wie es in der Regel der Fall ist – selbst vorleisten muss, etwa bei der Warenlieferung, sollten grundsätzlich nur mit zahlungsfähigen und zahlungswilligen Personen abgeschlossen werden. Gegebenenfalls ist eine Bonitätsprüfung vorzunehmen.

Zu Leistungsverweigerungsrechten wie Mängeleinrede oder Einrede der Verjährung finden Sie später in diesem Kapitel noch genauere Informationen.

Anspruch und Fälligkeit

Fälligkeit

Weiterhin ist zu beachten, dass der Gläubiger vom Schuldner Zahlung erst dann verlangen kann, wenn der Anspruch fällig geworden ist.

Hierzu bestimmt § 271 BGB grundsätzlich, dass wenn eine Zeit für die Leistung weder bestimmt noch aus den Umständen zu entnehmen ist, der Gläubiger die Leistung sofort verlangen und der Schuldner sie sofort bewirken kann.

Im Normalfall greift diese Bestimmung jedoch nicht, da vertragliche Vereinbarungen oder besondere gesetzliche Vorschriften über die Leistungszeit vorgehen.

Hinweise: Zum Leistungs- bzw. Zahlungsort lesen Sie bitte die §§ 269, 270 BGB in Kapitel IX. Diesbezüglich ist in erster Linie die getroffene Vereinbarung maßgebend. Im Zweifel hat der Schuldner gemäß § 270 BGB Geld auf seine Gefahr und seine Kosten dem Gläubiger an dessen Wohnsitz zu übermitteln. Die Art der Übermittlung wird, wenn Parteiabreden fehlen, vom Schuldner bestimmt.

Achtung: Zur Schuldtilgung durch Überweisung ist der Schuldner dann berechtigt, wenn der Gläubiger sein Konto durch Aufdruck auf Briefen, Rechnungen oder dergleichen bekannt gegeben oder in der Vergangenheit vorgenommene Überweisungen widerspruchslos hingenommen hat. Ob ein Gläubiger zur Entgegennahme eines Schecks verpflichtet ist, ist eine Frage der Auslegung im Einzelfall.

Wichtig: Für die Frage der Rechtzeitigkeit der Zahlung kommt es nicht auf den Zeitpunkt des Leistungserfolgs, sondern darauf an, wann der Schuldner das zur Übermittlung des Geldes seinerseits Erforderliche getan hat.

Wird die Zahlung zum Beispiel durch Überweisung vorgenommen, ist Rechtzeitigkeit zu bejahen, wenn der Überweisungsauftrag vor Fristablauf bei dem Geldinstitut eingegangen ist und auf dem Konto Deckung vorhanden war.

Rechtliche Grundlagen

Schuldnerverzug

Der Schuldnerverzug ist seit 01.01.2002 gesetzlich neu geregelt in den §§ 280, 286 ff. BGB. § 286 BGB lautet nun wie folgt:

§ 286 Verzug des Schuldners

(1) Leistet der Schuldner auf eine Mahnung des Gläubigers nicht, die nach dem Eintritt der Fälligkeit erfolgt, so kommt er durch die Mahnung in Verzug. Der Mahnung stehen die Erhebung der Klage auf die Leistung sowie die Zustellung eines Mahnbescheids im Mahnverfahren gleich.

(2) Der Mahnung bedarf es nicht, wenn

1. für die Leistung eine Zeit nach dem Kalender bestimmt ist,
2. der Leistung ein Ereignis vorauszugehen hat und eine angemessene Zeit für die Leistung in der Weise bestimmt ist, dass sie sich von dem Ereignis an nach dem Kalender berechnen lässt,
3. der Schuldner die Leistung ernsthaft und endgültig verweigert,
4. aus besonderen Gründen unter Abwägung der beiderseitigen Interessen der sofortige Eintritt des Verzugs gerechtfertigt ist.

(3) Der Schuldner einer Entgeltforderung kommt spätestens in Verzug, wenn er nicht innerhalb von 30 Tagen nach Fälligkeit und Zugang einer Rechnung oder gleichwertigen Zahlungsaufstellung leistet; dies gilt gegenüber einem Schuldner, der Verbraucher ist, nur, wenn auf diese Folgen in der Rechnung oder Zahlungsaufstellung besonders hingewiesen worden ist. Wenn der Zeitpunkt des Zugangs der Rechnung oder Zahlungsaufstellung unsicher ist, kommt der Schuldner, der nicht Verbraucher ist, spätestens 30 Tage nach Fälligkeit und Empfang der Gegenleistung in Verzug.

(4) Der Schuldner kommt nicht in Verzug, solange die Leistung infolge eines Umstands unterbleibt, den er nicht zu vertreten hat.

Voraussetzungen des Schuldnerverzugs

Voll wirksamer Anspruch

Die Voraussetzung der Vollwirksamkeit ist zwar in § 284 BGB nicht ausdrücklich erwähnt. Es versteht sich jedoch begrifflich von selbst, dass der Schuldner dem Gläubiger seine Leistung nur dann „rechtswidrig" vorenthält, wenn er zur Erbringung der Leistung von Rechts wegen verpflichtet ist.

Schuldnerverzug

Der Anspruch muss voll wirksam entstanden und durchsetzbar sein, das heißt es dürfen keine Mängel bei Vertragsabschluss vorliegen und es dürfen ihm insbesondere auch keine dauernden oder aufschiebenden Einreden entgegenstehen, z. B. Verjährungseinrede, Mängeleinrede.

Steht dem Anspruch beispielsweise die Einrede der Verjährung entgegen, kommt der Schuldner, selbst wenn er sich zunächst nicht auf die Einrede beruft, nicht in Verzug.

Fälligkeit des Anspruchs

Die Erteilung einer Rechnung ist grundsätzlich keine Fälligkeitsvoraussetzung, außer wenn der Schuldner erst aus der Rechnung ersehen kann, welchen Betrag er zu zahlen hat, was allerdings nicht selten der Fall sein wird.

Mit Sonderregelungen kann die Fälligkeit auch bis zum Zugang einer Rechnung hinausgeschoben werden.

Die Fälligkeit wird insbesondere durch eine vertragliche Bestimmung der Leistungszeit festgelegt, zum Beispiel durch die Benennung eines kalendermäßig bestimmten Termins. Für ein Entnehmen der Leistungszeit aus den Umständen sind zu berücksichtigen:

- die Art (Natur) des Schuldverhältnisses
- die Verkehrssitte
- die Beschaffenheit der Leistung (§ 271 Abs. 1 BGB)

Liegt keine der beiden Alternativen vor, hat der Schuldner sofort zu zahlen.

Wichtig: § 271 BGB tritt zurück, wenn die Leistungszeit durch gesetzliche Sonderregeln festgesetzt ist, beispielsweise beim Dienstvertrag § 614 BGB, beim Werkvertrag § 641 BGB, beim Darlehen § 608 ff. BGB.

Rechtliche Grundlagen

Achtung: Ein Hinausschieben der Leistungszeit (z. B. Stundung!) wirkt im Zweifel nur zugunsten des Schuldners. Er muss nicht, darf jedoch schon vor dem Fälligwerden der Forderung leisten (§ 271 Abs. 2 BGB).

Eine Mahnung des Gläubigers

Mahnung bedeutet eine eindeutige und bestimmte Aufforderung des Gläubigers an den Schuldner, die fällige Leistung zu erbringen, das heißt bei Geldforderungen den konkret bezeichneten Betrag zu zahlen.

Der Gläubiger muss somit eindeutig und bestimmt zum Ausdruck bringen, dass er die geschuldete Leistung fordert. Eine Fristsetzung ist dabei nicht zwingend erforderlich, es bedarf auch nicht unbedingt der Androhung bestimmter Folgen. Nicht ausreichend wären jedenfalls Formulierungen wie: „Für ... wäre ich Ihnen sehr dankbar." oder: „Der Leistung wird gerne entgegengesehen."

> **Praxis-Tipp:**
> Eine allzu große Höflichkeit ist jedenfalls bei der verzugsbegründenden Mahnung nicht angebracht, da sonst das Vorliegen einer eindeutigen und bestimmten Aufforderung auch verneint werden könnte.

Wenn im Vertrag oder in der Rechnung keine Zahlungsfrist gesetzt worden ist, sollte dies gerade bei Verwendung der in Kapitel III genannten Formulierungsbeispiele unbedingt berücksichtigt werden!

Wichtig: Die Mahnung ist grundsätzlich nicht formbedürftig, sie kann also theoretisch auch mündlich oder konkludent (stillschweigend) erfolgen.

So wird zum Beispiel als Mahnung auch die Übersendung einer zweiten oder dritten Rechnung oder einer ausgefüllten Zahlkarte gewertet.

Schuldnerverzug

Aus Beweisgründen ist allerdings die Regelform der Mahnung, die schriftliche Mahnung (siehe Kapitel II) zu empfehlen.

Die Mahnung muss dem Schuldner zugehen, das heißt so in seinen Machtbereich gelangen, dass unter normalen Verhältnissen damit zu rechnen ist, dass er von ihr Kenntnis erlangt.

Der Einwurf in einen Briefkasten bewirkt den Zugang, sobald nach der Vekehrsanschauung mit der nächsten Entnahme zu rechnen ist.

Achtung: Für den Zugang eines Schriftstücks, auch für den Zugang der Mahnung, ist grundsätzlich der Absender beweispflichtig, wobei der zu beweisende Zugang nicht durch den Nachweis der Absendung ersetzt werden kann. Im Streitfall würde daher selbst eine eindeutige Zeugenaussage über das Absenden einer Mahnung nicht als Beweis für deren Zugang ausreichen, falls der Schuldner den Erhalt der Mahnung bestreitet.

Selbst die Versendung des Briefes per Einschreiben begründet nach der Rechtsprechung keinen Anscheinsbeweis dafür, dass dieses Schreiben dem Empfänger auch zugegangen ist.

Eine Einschreibequittung beweist eigentlich nur die Aufgabe eines Schreibens an einem bestimmten Tage bei der Post, wobei nicht einmal der Inhalt des Schreibens aus der Quittung hervorgeht.

Demnach gibt es aufgrund einer Einschreibequittung keinen Beweis des ersten Anscheins dafür, dass

- die Einschreibequittung sich auf ein Schreiben bestimmten Inhalts bezieht und

- ein Schreiben bestimmten Inhalts auch zugestellt wurde.

Selbst ein Einschreiben mit Rückschein beweist im Grunde nur den Zugang eines Kuverts, das beispielsweise auch leer gewesen sein könnte. (Was der gewiefte Schuldner im Streitfall natürlich auch behaupten könnte!)

Rechtliche Grundlagen

Achtung: Ein Vertragspartner, der mit einer Willenserklärung rechnet, hat schließlich auch noch die Möglichkeit bei der Postzustellung (absichtlich) nicht anwesend zu sein und dann zu leugnen, dass er über den vergeblichen Zustellungsversuch durch einen Benachrichtigungszettel informiert worden sei. Im Übrigen ersetzt natürlich selbst der (nachgewiesene) Zugang des Benachrichtigungszettels bei Abwesenheit nicht den Zugang des Einschreibebriefs.

Auch das neue Einwurf-Einschreiben bringt keinerlei Sicherheit! Wenigstens einen bedingten Zugangsnachweis liefert die Mahnung per Fax.

Wichtig: Will man wirklich sichergehen, muss man die Mahnung entweder durch den Gerichtsvollzieher zustellen lassen (dabei ist dem Auftrag eine Zweitausfertigung der Mahnung beizufügen, die man nach erfolgter Zustellung, verbunden mit dem Zustellungsnachweis, zurückerhält) oder aber den Brief durch einen Boten, der den Text gelesen hat, dem Empfänger persönlich in die Hand geben und darüber ein Protokoll anfertigen lassen.

Selbstverständlich kommt die Übermittlung durch Boten oder gar die Beauftragung eines Gerichtsvollziehers (wenden Sie sich diesbezüglich bei Bedarf an die Gerichtsvollzieherverteilungsstelle beim Amtsgericht) wohl nur in wichtigeren Fällen in Betracht.

In solchen Fällen sollte man jedoch den Aufwand und die Kosten nicht scheuen, da insbesondere bei der Zustellung durch den Gerichtsvollzieher der zusätzliche Effekt hinzukommt, die meisten Schuldner hierdurch doch sehr zu beeindrucken.

Wichtig: Weiterhin sollte man immer auch bedenken, dass der wegen der Nichtbeweisbarkeit der In-Verzug-Setzung gegebenenfalls entstehende Zinsverlust die anfallenden Kosten häufig nicht unerheblich übersteigt!

Praxis-Tipp:

Ein nicht ganz unproblematischer, aber im Einzelfall gegebenenfalls wirksamer Trick besteht darin, durch eine Mahnung, mit der (absichtlich) zu viel gefordert wird, den (entrüsteten) Schuldner zu einer schriftlichen Äußerung zu veranlassen, in der der genaue Schuldbetrag angegeben ist. Das hat zur Folge, dass zum einen der Schuldner selbst den Zugang der Mahnung dokumentiert und man weiterhin auch noch ein Schuldanerkenntnis erhält, das die Verjährung neu beginnen lässt (§ 212 BGB).

Außerdem ermöglicht ein solches schriftliches Schuldanerkenntnis die Durchführung eines (einfacheren) Urkundenmahnverfahrens (lesen Sie bitte § 703a ZPO in Kapitel IX).

Achtung: Da sich aber die Frage, ob eine Zuvielmahnung völlig unwirksam oder nur im Umfang des tatsächlichen Rückstandes wirksam ist, nach der Rechtsprechung unter Berücksichtigung der Umstände nach Treu und Glauben entscheidet, kommen wohl nur geringere Zuvielforderungen in Betracht.

Formulierung aus einem BGH-Urteil: „Eine unverhältnismäßig hohe Zuvielforderung kann den zu Recht angemahnten Teil so in den Hintergrund treten lassen, dass dem Schuldner kein Schuldvorwurf zu machen ist, wenn er sich nicht als wirksam gemahnt ansieht."

Nicht rechtzeitiges Erbringen der geschuldeten Leistung

Der Schuldnerverzug beginnt mit dem Tag des Zugangs der Mahnung bzw. der Erfüllungsverweigerung; bei kalendermäßig festgelegter Leistungszeit mit dem Ablauf des Tages, an dem die Leistung spätestens zu erbringen war.

Dabei kommt es für die Rechtzeitigkeit der Leistung auf den Zeitpunkt der Vornahme der Leistungshandlung und nicht auf den des Leistungserfolgs an.

Rechtliche Grundlagen

Kein Verzug ohne Verschulden

In § 286 Abs. 4 BGB findet sich folgender Wortlaut:

„Der Schuldner kommt nicht in Verzug, solange die Leistung in Folge eines Umstandes unterbleibt, den er nicht zu vertreten hat."

Beispiel:

Ungewissheit über den Gläubiger (wenn dieser z. B. verstorben ist und seine Erben unbekannt sind) oder bei unverschuldetem Rechtsirrtum über Einrederechte.

Bitte beachten: § 286 Abs. 4 BGB greift beispielsweise nicht bei finanziellem Engpass!

Die Beweislast für die tatbestandlichen Voraussetzungen des Verzugs trägt im Übrigen der Gläubiger, die Leistung und ihre Rechtzeitigkeit hat dagegen der Schuldner zu beweisen.

Die Rechtsfolgen des Schuldnerverzugs

Diese ergeben sich insbesondere aus den §§ 280 bis 288 BGB (siehe Kapitel IX).

Rechtsfolgen des Schuldnerverzugs sind also insbesondere:

- Ersatz sämtlicher Schäden, die durch die Pflichtverletzung (Zahlungsverzug) entstanden sind, zum Beispiel Rechtsanwaltskosten, Inkassogebühren (§ 280 ff. BGB)
- Ersatz vergeblicher Aufwendungen (§ 284 BGB)
- Herausgabe des Ersatzes (§ 285 BGB)
- Strengere bzw. erweiterte Haftung (§ 287 BGB)
- Zahlung von Verzugszinsen (§ 288 BGB: fünf bzw. acht Prozentpunkte über dem Basiszinssatz; bitte nochmal genau nachlesen!) Bitte beachten: Aus einem anderen Rechtsgrund kann der Gläubiger auch höhere Zinsen verlangen (§ 288 Abs. 3 BGB)

Gemäß § 288 Abs. 4 BGB ist auch die Geltendmachung eines weiteren Schadens nicht ausgeschlossen. Der Gläubiger kann hiernach also auch eine höhere Zinsforderung geltend machen, wobei der Zinsschaden entweder in der Aufwendung von Kreditzinsen oder im Verlust von Anlagezinsen bestehen kann.

Durchsetzbarkeit der Forderung

Es sollte grundsätzlich immer geprüft werden, ob dem Schuldner etwaige Gegenrechte zustehen, die es ihm erlauben, sich der Zahlungsforderung des Gläubigers ganz oder teilweise zu entziehen.

Einreden

Kann sich der Schuldner auf eine Einrede stützen, die ihm ein dauerndes oder wenigstens zeitweiliges Leistungsverweigerungsrecht gewährt, kommt er nicht in Verzug.

Beispiele:

- Die Einrede des nicht erfüllten Vertrages gemäß § 320 Abs. 1 BGB

  Wer aus einem gegenseitigen Vertrag verpflichtet ist, kann die ihm obliegende Leistung (beim Schuldner: die Zahlung) bis zur Bewirkung der Gegenleistung verweigern, es sei denn, dass er vorzuleisten verpflichtet ist.

- Ein Zurückbehaltungsrecht (z. B. § 273 Abs. 1 BGB)

  Hat der Schuldner aus demselben rechtlichen Verhältnis, auf dem seine Verpflichtung beruht, einen fälligen Anspruch gegen den Gläubiger, so kann er, sofern sich nicht aus dem Schuldverhältnis ein anderes ergibt, die geschuldete Leistung verweigern, bis ihm die gebührende Leistung bewirkt wird.

- Eine getroffene Stundungsvereinbarung

  Das heißt: eine Abrede, wodurch der Fälligkeitszeitpunkt verschoben wird.

- Sonstige Einreden, etwa Mängeleinrede bei einem Kaufvertrag

Rechtliche Grundlagen

Aufrechnung

Das heißt: Tilgung einer Schuld durch Ausgleich mit einer bestehenden Gegenforderung; erfolgt durch einseitige empfangsbedürftige Willenserklärung (§ 388 BGB).

Diesbezüglich ist insbesondere zu beachten, dass die Forderungen gleichartig sein müssen, das heißt Geldforderungen müssen Geldforderungen gegenüberstehen, und dass die Aufrechnung durch Vereinbarung oder gesetzliche Vorschriften ausgeschlossen sein kann.

Verjährung

Gemäß § 194 BGB unterliegt das Recht, von einem anderen ein Tun oder Unterlassen zu verlangen (Anspruch), der Verjährung.

Nach Ablauf der gesetzlichen Verjährungsfrist ist der Verpflichtete berechtigt, die Leistung zu verweigern (§ 214 Abs. 1 BGB). Die Verjährung beseitigt demgemäß den Anspruch nicht, sie vereitelt nur seine Durchsetzung gegen den Willen des Verpflichteten. Der Schuldner kann, muss aber nicht verweigern! Wenn er vom Gläubiger verklagt wird und sich nicht auf die Verjährung beruft, wird er verurteilt.

Andererseits bleibt der Anspruch aber trotzdem erfüllbar: Wer (z. B. versehentlich) auf eine verjährte Forderung leistet, kann folglich nicht zurückfordern.

Wichtig: Gemäß § 195 BGB beträgt die regelmäßige Verjährungsfrist seit 01.01.2002 drei Jahre (statt bisher dreißig Jahre). Dies gilt allerdings nur, soweit das Gesetz nichts anderes bestimmt.

Die wichtigsten Ausnahmen:

§§ 196, 197 BGB sowie die Verjährung der Gewährleistungsansprüche im Kaufvertragsrecht (§ 438 BGB) und im Werkvertragsrecht (§ 634a BGB).

Regelmäßiger Verjährungsbeginn (§ 198 Abs. 1 BGB)

Schluss des Jahres, in dem der Anspruch entstanden ist und der Gläubiger von den den Anspruch begründenden Umständen und der Person des Schuldners Kenntnis erlangt oder ohne grobe Fahrlässigkeit erlangen musste.

Gemäß den §§ 203 bis 213 BGB kann die Verjährung mit Wirkung des § 209 BGB auch gehemmt werden (z. B. bei Verhandlungen, Klageerhebung, Zustellung eines Mahnbescheids, Güteantrag, Stundung) oder gemäß § 212 BGB erneut beginnen (z. B. Schuldanerkenntnis, Abschlagszahlung, gerichtliche oder behördliche Vollstreckungshandlung). Mahnungen haben keine derartigen Wirkungen!

Beweisbarkeit

Natürlich muss der Gläubiger immer prüfen, ob der Sachverhalt, auf den man seinen Anspruch stützt, gegebenenfalls auch bewiesen werden kann.

Dies wird beispielsweise eher der Fall sein, wenn man sich auf einen schriftlichen Vertrag stützen kann als wenn man sich auf Zeugenaussagen verlassen muss. Es sollten daher immer die vorhandenen Beweismittel gesichtet werden.

Praxis-Tipp:

- Es ist empfehlenswert, sich Zeugenaussagen schriftlich bestätigen zu lassen und insbesondere die Registrierung, Aufbewahrung und schnelle Auffindbarkeit von Schriftstücken sicherzustellen.

- Von wichtigen Verträgen und Urkunden sollten zudem beglaubigte Fotokopien angefertigt werden.

Trick bei Beweisnot: Abtretung der Forderung an einen Freund, um dann selbst als Zeuge auftreten zu können. Wenn ein Beweis nicht sicher geführt werden kann, stellt sich die Frage, welche Partei die Folgen des fehlenden Beweises trägt (Beweislast).

Rechtliche Grundlagen

Wichtig: Im Regelfall gilt diesbezüglich: Wer eine Rechtsfolge für sich in Anspruch nimmt, hat die anspruchsbegründenden und anspruchserhaltenden Tatsachen zu behaupten und zu beweisen, der Gegner die rechtshindernden, rechtsvernichtenden und rechtshemmenden.

Checkliste: Rechtliche Prüfung	Ja	Nein
■ Liegt ein voll wirksamer Anspruch vor? (insbesondere: keine Mängel bei Vertragsabschluss?)	☐	☐
■ Ist der Anspruch auch fällig?	☐	☐
■ Liegt Schuldnerverzug vor?	☐	☐
– Verzugsbegründende Mahnung? (wenn nicht entbehrlich!)	☐	☐
– Zugang der Mahnung?	☐	☐
– Nicht rechtzeitiges Erbringen der geschuldeten Leistung?	☐	☐
– § 286 Abs. 4 BGB?	☐	☐
■ Ist Durchsetzbarkeit gegeben?	☐	☐
– Kein Einreden des Schuldners möglich?	☐	☐
– Keine Verjährung des Anspruchs?	☐	☐
■ Ist der Anspruch beweisbar?	☐	☐

Mahn-Methoden

Die schriftliche Mahnung 24
Die telefonische Mahnung 27
Die persönliche Mahnung 30
Die Postnachnahme 31

Mahn-Methoden

Die schriftliche Mahnung

Die gebräuchlichste Form, einen Schuldner zur Zahlung aufzufordern, ist die schriftliche Mahnung.

Der Nachteil dabei ist, dass die Kommunikation einseitig ist, das heißt es besteht für den Schuldner die Möglichkeit, die Zahlungsaufforderung zu ignorieren!

Wesentlich Erfolg versprechender als Formbriefe sind dabei individuell auf den einzelnen Schuldner zugeschnittene Mahnschreiben.

Achtung: Der negative Effekt eines Formbriefes (erweckt den Eindruck eines nicht wichtig zu nehmenden Routineschreibens) kann insbesondere dadurch reduziert werden, dass mithilfe von frei kombinierbaren Textbausteinen aus speziellen EDV-Programmen individuelle Mahnschreiben erstellt werden können.

Die Mahnstufen: Gehen Sie Schritt für Schritt vor

Der Regelfall sind drei Mahnstufen, wobei der Schuldner mit jeder Mahnung nachdrücklicher zur Zahlung aufgefordert werden sollte.

Man sollte nicht bereits am Anfang sein „ganzes Pulver verschießen", sondern vom mildesten Mittel (höfliche Erinnerung) langsam zum schärfsten Mittel greifen, um den Schuldner zu beeindrucken und zur Bezahlung der Forderung zu bringen.

Normalerweise deckt dabei die erste Mahnung die Fälle ab, in denen der Schuldner vergessen hat zu zahlen.

Nach der schon schärfer zu formulierenden zweiten Mahnung (z. B. Hinweis auf Verzugszinsen) sollte sich eine dritte Mahnung wesentlich von den vorangegangenen Mahnungen abheben, etwa als Telefonanruf oder verbunden mit der Ankündigung der Einschaltung eines Inkassobüros bzw. gerichtlicher Schritte.

Die Zeitintervalle zwischen den einzelnen Mahnstufen sollten so kurz wie möglich gehalten werden (ca. 10 bis 14 Tage), wobei die erste Mahnung grundsätzlich frühestens acht Tage nach Fälligkeit versandt werden sollte, da die Zahlung durch den Kunden erst am Fälligkeitstag oder kurz danach erfolgt sein könnte.

Die schriftliche Mahnung

Wichtig: Grundsätzlich lassen sich zur Art und Weise der Mahnbriefgestaltung wegen der Vielfalt der – nicht nur stilistischen – Möglichkeiten keine allgemein gültigen Aussagen treffen, so ist beispielsweise auch zu überlegen, ob und wann die Bereitschaft zu einer Ratenzahlungsvereinbarung avisiert werden sollte.

Die Formulierung der Mahnschreiben, ja sogar die gesamte Mahn-Strategie (siehe Kapitel III), hängt im Übrigen sehr wesentlich von der Art der Schuldner (Privatschuldner/gewerbliche Schuldner, Groß-/Kleinunternehmen), der Beziehung zum Schuldner (z. B. wichtiger Kunde), der Branche und der Liquidität des Schuldners sowie auch von der Höhe der Forderung ab.

Kriterien für einen wirkungsvollen Mahnbrief

- persönlich
- dem konkreten Einzelfall angepasst
- korrekt und eindeutig formuliert
- zunächst eher freundlich (höflich) und möglicherweise originell; in späteren Mahnphasen: energisch und bestimmend (anordnend)
- taktisch, psychologisch, strategisch

Muster-Mahnbriefreihe

Freundliche Erinnerung bzw. Mahnung (Mahnstufe 1)

Unsere Rechnung vom ... über EUR ...

Sehr geehrte Damen und Herren,

leider haben wir auf unsere o. g. Rechnung bis heute noch keinen Zahlungseingang verzeichnen können.

Wir gehen davon aus, dass dies auf einem organisatorischen Versehen beruht, müssen Sie aber dennoch höflich auffordern, das Versäumte umgehend nachzuholen, da unsere Zahlungsziele Bestandteil unserer Kalkulation sind.

Bereits ausgefüllte Überweisungsformulare fügen wir zur gefälligen Verwendung bei.

Mahn-Methoden

Sollten Sie allerdings den Rechnungsbetrag in den letzten Tagen bereits überwiesen haben, so betrachten Sie bitte dieses Schreiben als gegenstandslos.

Mit freundlichen Grüßen

Zweite Mahnung (Mahnstufe 2)

Unsere Rechnung vom … über EUR …

Unsere Mahnung vom …

Sehr geehrte Damen und Herren,

trotz unserer Mahnung vom … wurde o. g. Rechnung noch nicht beglichen. Wir müssen Sie nunmehr mit aller Bestimmtheit auffordern, den laut unten stehender Aufstellung fälligen Betrag (inkl. der Mahnkosten und Verzugszinsen) zur Vermeidung weiterer Kosten und Unannehmlichkeiten bis spätestens … an uns zu überweisen.

Aufstellung:

Rechnung vom …	EUR …
Verzugszinsen (…% p. a.)	EUR …
Mahnkosten 2 x EUR 2,50 =	EUR 5,–
Summe:	EUR …

Mit freundlichen Grüßen

Dritte Mahnung (Mahnstufe 3)

Unsere Rechnung vom … über EUR …

Unsere Mahnungen vom …

Sehr geehrte Damen und Herren,

trotz zweifacher Mahnung ist die o. g. Rechnung immer noch nicht beglichen.

Wir fordern Sie hiermit letztmalig zur Zahlung des Betrags i. H. v. EUR … bis spätestens … auf.

Nach fruchtlosem Ablauf dieser neuerlichen Frist wären wir gezwungen, entweder ein Inkassounternehmen mit der Einziehung der Forderung zu beauftragen oder aber ohne weitere vorherige Ankündigung gerichtliche Schritte einzuleiten.

Mit freundlichen Grüßen

Mahnkosten

Die Kosten für die verzugsbegründende Mahnung können nicht vom Schuldner verlangt werden. Auch bezüglich weiterer Mahnungen werden von den Gerichten im Regelfall höchstens 2,50 bis 5 Euro akzeptiert.

Die telefonische Mahnung

Die Hauptproblematik der schriftlichen Mahnung liegt darin, dass diese ohne weiteres vom Schuldner ignoriert werden kann.

Dementsprechend liegt der Vorteil der telefonischen Mahnung in der direkten, persönlichen Ansprache des Schuldners, der gezwungen wird, sich unmittelbar zur Sache zu äußern (unmittelbares Feedback).

Wichtig: Es liegt auf der Hand, dass ein persönliches Gespräch am Telefon auch eine gezieltere Ansprache des Schuldners ermöglicht, weil ausgehend von seinen geäußerten Reaktionen direkt auf ihn eingegangen werden kann.

Viele Schuldner können sich besser mündlich als schriftlich äußern, sodass es ihnen unter Umständen leichter fällt, die Hintergründe ihres negativen Zahlungsverhaltens in einem Telefongespräch näher zu erklären.

Auch kann es die bei einem Telefonat bestehende Möglichkeit des bewussten Einsatzes von Artikulationselementen wie Betonungen, Tonlage, Tempo, Pausen etc. dem Gläubiger erleichtern, eine bestimmte Reaktion beim Schuldner hervorzurufen.

Gerade die gezielt eingelegte Schweigepause nach einer eigenen Aussage oder Frage kann eine hochwirksame Strategie sein, da diese unangenehme Situation den Gesprächspartner zum Sprechen zwingt, was durchaus zu spontanen Zusagen bzw. Zugeständnissen führen kann.

> **Praxis-Tipp:**
> Bei positivem Verlauf des Gesprächs könnte beispielsweise auch die Abholung eines Schecks per Kurier am gleichen Tag vorgeschlagen werden.

Ist der Schuldner nicht gesprächig, müssen die gewünschten Informationen gezielt erfragt werden. Hierzu eignen sich am besten die sogenannten W-Fragen (wer, was, wo, wann, warum oder wie), da diese nicht mit einem einfachen Ja oder Nein beantwortet werden können und daher zu Antworten mit einem höheren Informationsgehalt führen.

Günstigster Zeitpunkt für die telefonische Mahnung

Der günstigste Zeitpunkt für eine telefonische Mahnung ist im Regelfall wohl nach der zweiten, unter Umständen aber auch schon nach der ersten Mahnung!

Von psychologischer Bedeutung kann auch der Zeitpunkt sein, zu dem man den Schuldner anruft. Wer seinen Schuldner bereits morgens um 8.00 Uhr mit einem unangenehmen Mahnanruf behelligt, darf sich nicht wundern, wenn er trotz Höflichkeit und liebenswürdigem Ton auf Ablehnung stößt. Ebenfalls wohl eher ungünstig: Freitag Nachmittag!

Besonders wichtig ist bei der telefonischen Mahnung, dass der Anrufer gut vorbereitet ist und es ihm nicht an Detailkenntnissen über den Einzelfall mangelt. Es sollten deshalb bereits im Vorfeld des Gesprächs alle schuldnerrelevanten Daten zusammengetragen werden und der Anrufer sollte sich über seine Zielsetzungen im Klaren sein und sich eine entsprechende Strategie zurechtlegen, etwa ob und in welcher Form eine Ratenzahlungsvereinbarung überhaupt in Betracht kommt.

Die telefonische Mahnung

Praxis-Tipp:
Wenn eine Ratenzahlungsvereinbarung telefonisch zustande kommt, gegebenenfalls sofort Bestätigung faxen mit der Bitte um Retour-Fax mit Unterschrift!

Vergessen Sie nie, bereits vor dem Gespräch eine Liste mit allen vorhandenen und benötigten Informationen zu erstellen und sich außerdem (Frage-)Strategien (dazu mehr in Kapitel III) zurechtzulegen!

Achtung: Das große Problem bei der telefonischen Mahnung ist die schwere Beweisbarkeit. Es muss deshalb ein schriftliches Protokoll angefertigt werden, das zusätzlich von einer weiteren Person, die das Telefonat mitgehört hat, unterschrieben wird:

Vermerk

Bei meinem heutigen Telefonat mit dem Prokuristen Herrn … als Vertreter der Fa. … habe ich, Herr A, unsere seit drei Wochen fällige Forderung in Höhe von EUR 5 000,– angemahnt. Herr B sagte zu, diese Mahnung der Geschäftsführung seiner Firma sofort zur Kenntnis zu bringen.

Ich, der mitunterzeichnende kaufmännische Angestellte C, bestätige hiermit, dass das vorstehende Telefonat in meiner Anwesenheit geführt wurde.

Ort, Datum, Unterschriften

Wenn man keinen Zeugen hat, empfiehlt sich die sofortige Absendung eines Bestätigungsschreibens an die Schuldnerfirma:

Sehr geehrte Damen und Herren,

hiermit bestätige ich der guten Ordnung halber mein heutiges Telefonat mit Ihrem Prokuristen, Herrn B.

Ich habe ihn darauf hingewiesen, dass aus unserer Lieferung vom … der Betrag in Höhe von EUR 5 000,– seit drei Wochen fällig ist und habe unverzügliche Zahlung angemahnt.

Herr B hat mir daraufhin erklärt, dass er diese Mahnung der Geschäftsführung sofort zur Kenntnis bringen würde.

Mit freundlichen Grüßen

Seminare und Inhouse-Schulungen zum Thema „Telefoninkasso" finden Sie unter: www.inkasso-trainer.com

II Die persönliche Mahnung

Eine weitere Steigerung der Mahnansprache stellt der persönliche Besuch beim Schuldner dar.

Im Vergleich zum Telefoninkasso kommt hier der Vorteil des direkten Kontaktes zum Schuldner noch stärker zum Tragen, der psychologische Druck auf den Schuldner ist hierbei am stärksten (face to face-Situation).

Die persönliche Mahnung kommt insbesondere dann in Betracht, wenn:

- andere Maßnahmen wie schriftliche und telefonische Mahnung nicht erfolgreich waren
- der Schuldner schon mehrmals die Zahlung versprochen, dieses Versprechen aber nicht eingehalten hat
- Verjährung droht

Der mit einem persönlichen Besuch verbundene zeitliche und finanzielle Aufwand wird allerdings nur bei hohen Forderungen oder wichtigen Kunden den Einsatz dieser Methode rechtfertigen.

Der persönliche Schuldnerbesuch hat gegenüber den anderen Methoden auch den Vorteil, dass man sich häufig ein besseres Bild von der Persönlichkeit sowie von der finanziellen Situation und dem sozialen Umfeld des Schuldners machen kann, zumindest aber können Missverständnisse ausgeräumt und Ratenzahlungsvereinbarungen (einschließlich Schuldanerkenntnis zur Verjährungsunterbrechung) getroffen werden.

Außerdem kann, wenn man auf einen hartnäckigen oder böswilligen Schuldner trifft, zumindest die Erfolgsaussicht einer späteren Zwangsvollstreckung eruiert werden.

Praxis-Tipp:
Die persönliche Mahnung, mit dem notwendigen Takt- und Fingerspitzengefühl angebracht, gehört zu den erfolgreichsten Mahn-Methoden überhaupt.

Hinsichtlich der Problematik der Beweisbarkeit kann auf die Ausführungen zur telefonischen Mahnung verwiesen werden.

Die Postnachnahme

Eine weitere in der Praxis gelegentlich verwendete Inkasso-Methode stellt schließlich die Postnachnahme dar.

Bei dieser rechtlich zulässigen Mahnart lässt der Gläubiger dem Schuldner einen Brief per Nachnahme zukommen. Löst dieser die Nachnahme ein, wird der entsprechende Betrag der Forderung gutgeschrieben. Der Wert der Nachnahme entspricht dabei in den meisten Fällen einem Teilbetrag der Forderung. Da der Brief an sich keinen Wert hat und die Nachnahmegebühren auch bei Nichteinlösung dem Konto des Schuldners belastet werden, halten Kritiker diese Mahn-Methode für unseriös.

Psychologischer Vorteil bei dieser Inkasso-Methode ist, dass der Schuldner durch den Postboten unmittelbar mit der Mahnung konfrontiert wird. Zwar hat er die Möglichkeit die Nachnahme zu ignorieren, der Gläubiger erhält jedoch in jedem Fall eine Rückmeldung von der Post.

Dementsprechend kann die Postnachnahme in der Intensität der Schuldneransprache zwischen der schriftlichen und der persönlichen Mahnung eingestuft werden. Ein Formulierungsbeispiel für die Ankündigung einer Postnachnahme finden Sie in Kapitel III.

Es bleibt abschließend noch darauf hinzuweisen, dass die verschiedenen Mahn- bzw. Inkasso-Methoden sehr flexibel und vielfältig gestaltet werden können. Insbesondere ergeben sich aus der Kombination verschiedener Maßnahmen zusätzliche Gestaltungsmöglichkeiten (Konzipierung eines Methoden-Mix).

Mahn-Methoden

> **Checkliste: Mahnstufen**
>
> 1. Mahnung: schriftlich (freundlich und höflich formulieren!)
> 2. Mahnung: schriftlich (schon etwas schärfer formulieren!)
> 3. Mahnung: entweder
>   - schriftlich (scharf formulieren!) oder
>   - telefonisch bzw. persönlich oder
>   - extern (z. B. durch Inkassounternehmen)

Mahn-Strategien

Setzen Sie Frage-Strategien ein! 34
Locken Sie den Schuldner aus seinem „Schneckenhaus" 37
Lassen Sie Ihre „Muskeln spielen" 40
Forderungen erfolgreich eintreiben 41
Vorsicht! Schuldner-Strategien 43

Mahn-Strategien

Setzen Sie Frage-Strategien ein!

Bei der Forderungseinziehung sollte generell – auf jeden Fall aber bei hohen Forderungen sowie bei wichtigen Kunden – besonderes Augenmerk auf die Aspekte Taktik, Psychologie und Strategie gelegt werden. Denn wer etwas durchsetzen will, braucht Strategie und Konsequenz!

Grundüberlegung muss dabei immer sein, dass man, um eine gute Strategie entwickeln zu können, zunächst gewisse Kenntnisse über den Schuldner selbst und dessen Situation besitzen muss, um entscheiden zu können, ob eine bzw. welche strategische Maßnahme sinnvoll und Erfolg versprechend ist.

> **Praxis-Tipp:**
>
> Sie sollten grundsätzlich versuchen, den untätigen Schuldner zumindest zu einer Reaktion zu animieren bzw. sogar zu zwingen, etwa durch geschickte Fragen.

Vorteile einer Frage-Strategie

- Fragen können, wenn sie ruhig, sachlich und nicht aggressiv gestellt werden, kaum als Angriff aufgefasst werden.

- Jede Frage stellt eine Streicheleinheit dar, sie zeigt Anerkennung und Respekt für den anderen. Eine Frage zeigt dem Kunden, dass seine Information, seine Meinung, seine Situation auf Interesse stößt; sie baut daher die Brücke zum anderen und verhindert das Aneinandervorbei bzw. das Gegeneinander.

- Fragen helfen, die Beziehungsebene positiv zu erhalten bzw. wieder zu verbessern (kundenerhaltend, Sympathiegewinn).

- Sie können Informationen erhalten, vorhandene Informationen gegebenenfalls überprüfen und feststellen, ob Missverständnisse vorliegen.

- Sie erfahren durch Fragen, welche Argumente der andere in seiner Argumententruhe hat bzw. in welcher Situation er sich befindet, ehe Sie Ihre Karten auflegen. Hierdurch können Sie vorab entscheiden, ob Ihr Angebot für Ihr Gegenüber attraktiv sein

noch: Vorteile einer Frage-Strategie

> wird bzw. welches der möglichen Angebote das für ihn passende ist.
>
> - Durch Fragen führen Sie den anderen gedanklich dorthin, wo Sie ihn haben wollen (Sokrates: „Wer fragt, führt"). Es ist ausgesprochen leicht, durch Fragetechniken zu verführen.

Praxis-Tipp:

Wer schlecht oder gar nicht fragt, kann natürlich nur unzureichend oder gar nicht führen. Je besser Sie mit Fragetechniken umgehen können, desto erfolgreicher können Sie verhandeln, überzeugen und motivieren!

Bitte beachten Sie, dass jeder Mensch – (gerade) auch der Schuldner – von seinen Gefühlen gesteuert wird. Wenn man geschickt zur Zahlung oder zumindest zu einer Reaktion bzw. einem Einlenken motivieren will, muss man diese Prozesse mitbedenken und seine Strategie dementsprechend planen. Insbesondere müssen dabei immer die (Grund-)Bedürfnisse des Menschen berücksichtigt werden – nach Anerkennung, Status, Macht und Geltung.

Grundsätzlich ist jede Frage eine neue Chance zur Motivation. Versuchen Sie deshalb auch selbst gute Frage-Strategien zu entwickeln!

Man unterscheidet im Wesentlichen folgende Fragetypen (Fragearten):

Die Informationsfragen

Die geschlossene Informationsfrage

Derartige Fragen lassen sich nur mit Ja oder Nein beantworten. Diese Frageform wird verwendet, um für einen eigenen Vorschlag die Zustimmung des Schuldners zu erhalten. Das ist nicht ungefährlich, da man sehr leicht die falsche (unerwünschte) Antwort erhalten kann.

Mahn-Strategien

Die offene Informationsfrage

Es handelt sich dabei um Fragen, die nicht mit einem einfachen Ja oder Nein beantwortet werden können und deshalb zu Antworten mit einem höheren Informationsgehalt führen. Dabei sind insbesondere die sogenannten W-Fragen (Wer, Was, Wo, Wann, Warum oder Wie) zu nennen.

Die taktischen Fragen

Die Alternativ-Frage

Wenn das Angebot nur aus einer einzigen Möglichkeit besteht, ist die Wahrscheinlichkeit für ein Ja oder ein Nein zwar rechnerisch gleich groß, tatsächlich aber die des Neins wahrscheinlicher.

Ermöglicht man dagegen die Wahl zwischen zwei (oder mehreren) Alternativen (eine Auswahl), wird die Wahrscheinlichkeit für ein Ja nicht nur rechnerisch, sondern auch entscheidungspsychologisch deutlich erhöht. Diese Fragetechnik ist sehr Erfolg versprechend.

Wichtig: Alternativ-Fragen vermitteln das Gefühl, unter mehreren Möglichkeiten die richtige Entscheidung treffen zu können.

Dieses „Freiheitsgefühl" lockert die Anspannung des Schuldners und führt so zu einem positiven Klima unter den Parteien.

Überlegen Sie sich akzeptable Alternativen, beispielsweise Ratenzahlung, Stundung, Teilverzicht oder Verzicht auf Verzugszinsen bzw. Gebühren bei kurzfristiger Bezahlung des Gesamtbetrags.

Die Suggestiv-Frage

Mit derartigen Fragen wird die Antwort vorweg genommen, Sie suggerieren dem Schuldner eine bestimmte Reaktion: Sie „legen dem anderen etwas in den Mund".

Sonstige taktische Fragen

Siehe hierzu insbesondere die nachfolgenden Seiten.

Kurz-Zusammenfassung

Wenn Sie bei Ihrer (schriftlichen, telefonischen oder persönlichen) Mahntätigkeit gute Fragen einsetzen, erhalten Sie wichtige Informationen, erfahren die Motive des Schuldners, beseitigen Missverständnisse, zeigen Interesse am Geschäftspartner, weichen feststehende Meinungen auf und können beeinflussen bzw. führen.

Es ist eindeutige psychologische Erkenntnis, dass man sein Gegenüber mit Fragen viel eher beeinflussen kann als mit Behauptungen. Wenn es Ihnen gelingt, statt Behauptungen Fragen zu stellen, vermeiden Sie Aggressionen. Behauptungen reizen zum Widerspruch, Fragen jedoch verhindern diesen.

Fragen Sie sich zum Erfolg!

Locken Sie den Schuldner aus seinem „Schneckenhaus"

Versuchen Sie stets, dem Schuldner die Zahlung bzw. zumindest ein Einlenken so gut wie möglich zu erleichtern – mit dem absoluten Mindestziel, herauszufinden, ob der Schuldner zur Kategorie „hartnäckig" oder „böswillig" gehört.

Strategie: Animieren Sie den Schuldner zu einer Reaktion!

Formulierungsbeispiele

- Sie wissen, dass wir uns alle Mühe gegeben haben, Sie immer pünktlich und zuverlässig zu bedienen. Wir sind deshalb etwas überrascht, dass Sie auf unsere Zahlungsaufforderung vom … die längst fällige Rechnung über EUR … nicht beglichen haben.

  Dass dies nicht mit Absicht geschehen ist, können Sie uns leicht mit Ihrer Überweisung oder einem Scheck beweisen. Wir rechnen damit bis spätestens …

- In oben genannter Angelegenheit möchten wir höflich anfragen, ob der offene Saldo auf Ihrem Konto auf Richtigkeit beruht oder ob vielleicht ein Versehen unserer Buchhaltungsabteilung vorliegt?

  Möglicherweise wurde der Betrag irrtümlich dem Konto eines anderen Kunden gutgeschrieben.

Mahn-Strategien

Für die freundliche Überprüfung der Angelegenheit bedanken wir uns im Voraus recht herzlich.

- Wir können uns die Gründe Ihres Zahlungsverzugs angesichts unserer bisher so harmonischen Geschäftsverbindung nicht erklären. Haben Sie vielleicht selbst Außenstände, die Sie nicht einbringen können und die eine vorübergehende Knappheit hervorgerufen haben oder waren Sie vielleicht mit unseren letzten Lieferungen nicht hundertprozentig zufrieden?

Schreiben Sie uns bitte offen, wie die Dinge stehen und wie die Angelegenheit – aus Ihrer Sicht gesehen – am besten aus der Welt geschaffen werden kann. Wir werden über jeden vernünftigen und für uns einigermaßen akzeptablen Vorschlag mit uns reden lassen.

- Wir können uns nicht vorstellen, dass eine Firma von Ihrem Ruf es nötig hat, den Kredit der Lieferanten auszunutzen. Welche Gründe mögen es sein, die Sie bewegen die Zahlungen zurückzuhalten?

Sollten Sie selbst Außenstände haben, die Sie nicht einbringen können und die eine vorübergehende Geldknappheit hervorgerufen haben, so schreiben Sie uns doch darüber und machen uns Vorschläge, wie Sie sich eine Regelung der Angelegenheit vorstellen können.

Sollten Sie im Augenblick nicht in der Lage sein, den ganzen Betrag aufzubringen, werden wir es bestimmt nicht an Entgegenkommen fehlen lassen.

- Wir können uns nicht vorstellen, dass Sie die Dinge auf die Spitze treiben wollen, sondern nehmen an, dass Sie triftige Gründe für die Zahlungsverzögerung haben.

Sollte es Ihnen z. B. im Augenblick nicht möglich sein, den vollen Betrag aufzubringen, wären wir die Letzten, die in einem solchen Fall nicht mit sich reden ließen.

Unsere grundsätzliche Kompromissbereitschaft zeigt Ihnen der anliegende Antwortcoupon.

Bitte haben Sie die Freundlichkeit, diesen im ebenfalls beigelegten Freiumschlag beantwortet an uns zurückzusenden.

Locken Sie den Schuldner aus seinem „Schneckenhaus"

– – – – – – – – – – Antwortcoupon – – – – – – – – – –
Rückantwort: Zutreffendes bitte ankreuzen bzw. Nichtzutreffendes streichen.

☐ Zum Ausgleich Ihrer Rechnung vom … sende ich Ihnen einen Verrechnungsscheck über EUR …

☐ Ich muss den beiliegenden Verrechnungsscheck über EUR … auf den … vordatieren, da mir im Moment die flüssigen Mittel fehlen.

☐ Ich werde den fälligen Betrag spätestens bis zum … überweisen.

☐ Ich möchte Ihre Rechnung in monatlichen Raten von EUR … begleichen, beginnend am …

☐ Heute übersende ich Ihnen per Verrechnungsscheck eine Teilzahlung über EUR …, die Tilgung der Restschuld stelle ich mir wie folgt vor: …………………

☐ Anderer Vorschlag: ……………………….........…..........................………..…….

Humorvolle Mahnbriefe wirken manchmal Wunder

Manchmal kann man auch bei der ersten oder zweiten Mahnung mit originell (humoristisch) formulierten ungewöhnlichen Mahntexten versuchen zu erreichen, dass der Schuldner der Mahnung größere Aufmerksamkeit schenkt.

Achtung: Eine Mahnung mit Gag nicht bei verzugsbegründender Mahnung verwenden!

Folgende beispielhafte Mustertexte können die gewünschte Wirkung erzielen:

- Die Bitte um ein Autogramm ist immer ein Kompliment. Dürfen wir deshalb um Ihr Autogramm unter einen Verrechnungsscheck über den noch offenen Betrag in Höhe von EUR … bitten?

- In der Anlage übersenden wir Ihnen eine Büroklammer. Es handelt sich dabei um eine Klammer mit magischer Wirkung. Sie wird nämlich Ihnen und uns einen Haufen Unannehmlichkeiten ersparen. Es ist die Büroklammer, die Sie benötigen, um Ihren Scheck an die beiliegende Rechnungskopie zu heften.

- Heute schon gelacht?
  „Papa, was ist ein Gläubiger?"
  „Das ist einer der glaubt, dass er sein Geld doch noch bekommt."
  Das gilt auch für uns. Bitte enttäuschen Sie uns nicht und überweisen Sie umgehend.

- Haben Sie uns vollkommen vergessen?
  Hat die erste Mahnung nicht richtig gesessen?
  Hätten Sie gern noch mehr Schriftverkehr?
  Hier die nächste Mahnung, bitte sehr.

Mahn-Strategien

Viele weitere originelle Muster-Mahntexte finden Sie im Ratgeber „Mahnbriefe geschickt formulieren", ebenfalls erschienen im Walhalla Fachverlag, ISBN 978-3-8029-3824-5.

Achtung: Beim originellen bzw. humoristischen Mahnbrief ist aber Vorsicht geboten: Einzelfallentscheidung des Gläubigers!

Es kann sein, dass der Schuldner, der tatsächlich im Moment kein Geld hat, über Ihren humorigen Mahnbrief gar nicht lachen kann. Oder, dass er zwar Geld hat, Ihren Mahnbrief aber nicht ernst nimmt, weil er daraus schließt, dass es dem Mahnbriefschreiber nicht so wichtig ist, ob gezahlt wird oder nicht.

Erfahrungsgemäß geht allerdings auf Mahnungen mit einem Gag in der Mehrzahl der Fälle die Zahlung ein!

Lassen Sie Ihre „Muskeln spielen"

Erfolgt trotz aller Bemühungen keine (oder nur eine negative) Reaktion, muss der Schuldner in die Kategorie „hartnäckig", „böswillig" eingeordnet werden.

Strategie: Schuldner beeindrucken!

> **Praxis-Tipp:**
> - Letzte Mahnungen unmissverständlich und relativ hart formulieren, klarmachen, dass mit einem weiteren Gedulden nicht gerechnet werden kann.
> - Möglicherweise auch die äußere Form gegenüber den vorangegangenen verändern, damit der Schuldner den Ernst der Lage erkennt, etwa ein neutraler Briefumschlag ohne Firmenaufdruck und unterschiedliche Farbe von Umschlag und Briefbogen.

Formulierungsbeispiele

Androhung der Beauftragung eines Inkassounternehmens bzw. Androhung gerichtlicher Schritte mit dem Zusatz:

Vermeiden Sie bitte die damit verbundenen Kosten und Unannehmlichkeiten, indem Sie den offenen Betrag doch noch bis spätestens ... überweisen.

Ankündigung einer Postnachnahme

Nachdem wir trotz mehrerer Zahlungsaufforderungen von Ihnen weder eine Überweisung des Betrages noch eine Erklärung für die Zahlungsverzögerung erhalten haben, nehmen wir an, dass Sie mit dem Einzug des Betrages durch die Post einverstanden sind. Wir werden diese am ... damit beauftragen, wenn wir bis dahin keine Nachricht von Ihnen erhalten haben.

Besonders wirkungsvolle Maßnahmen

- Gerichtsvollzieher-Zustellung der zweiten oder dritten Mahnung!
- Übergabe per Eilboten bzw. Kurier oder wenigstens durch Übersendung per Einschreiben/Rückschein
- Beifügen einer Kopie des bereits ausgefüllten Mahnbescheids
- Gegebenenfalls schließlich sogar Drohung mit einer Strafanzeige bzw. zumindest Androhung eines Hinweises an die Staatsanwaltschaft mit der Bitte um strafrechtliche Würdigung

Forderungen erfolgreich eintreiben

- Mit zunehmendem Alter der Forderung sinken die Erfolgsaussichten des Inkassos.

   Deshalb: Den Mahnmarathon möglichst schnell durchziehen – gerade auch bei höheren Forderungen. Je später mit intensiver Beitreibung begonnen wird, desto größer ist die Gefahr, dass der Schuldner inzwischen zahlungsunfähig geworden ist bzw. andere Gläubiger zuvorgekommen sind. Möglicherweise ist der Schuldner dann auch weniger zahlungswillig, weil er das Austauschverhältnis als nicht mehr vorteilhaft wahrnimmt.

- Pünktlich und regelmäßig mahnen! Richtlinien aufstellen! Ein gut organisiertes, straffes Mahnwesen hilft auch Kosten zu senken, da dann die Finanzierung der Außenstände über Kontokorrent nicht über lange Zeiträume erfolgen muss.

Mahn-Strategien

- Nicht zu viele Mahnungen!

- Auch eine Durchnummerierung der Mahnungen ist nicht immer sinnvoll, da mancher Schuldner erwartet, dass einer ersten Mahnung auch eine zweite und sogar noch eine dritte und letzte folgt, was dazu führen kann, dass die Zahlungsmoral noch weiter sinkt.

  Andererseits gibt es aber auch Schuldner, die grundsätzlich erst auf eine zweite bzw. dritte Mahnung zahlen!

- Im richtigen Zeitpunkt mahnen! Natürlich kommt es auch hinsichtlich des günstigsten Mahnungszeitpunkts immer auf den jeweiligen Einzelfall an:

  – Mahnen Sie geschäftliche Unternehmungen nie zu Zeiten der Lohn- bzw. Gehaltszahlung.

  – Mahnen Sie nie am Monatsanfang. Grundsätzlich ist am Monatsanfang zwar mehr Geld da, aber das wollen die meisten Menschen nicht gleich wieder verplanen, deshalb haben sich Monatsmitte oder Monatsende als Mahntermin bewährt. Zwar ist zu diesem Zeitpunkt häufig Ebbe in der Kasse, es besteht jedoch im Hinblick auf die bald fällige Gehaltszahlung eine größere Zahlungsbereitschaft. Der Schuldner ist häufig gerade am Monatsende am entscheidungsfreudigsten.

  – Im Übrigen empfiehlt es sich natürlich, Geschäftsbetriebe zu Zeiten erhöhter Umsätze (z. B. Gastwirte zu Wochenbeginn bzw. nach Feiertagen und Festen, Landwirte nach dem Verkauf der Ernte etc.) zu mahnen.

- Appell an Vertragstreue, Ehrgefühl und Gerechtigkeitssinn des Schuldners.

  – Wir haben uns alle Mühe gegeben, Sie rasch und preiswert zu bedienen, deshalb werden Sie es uns auch nicht verübeln, wenn wir von Ihnen ebenso pünktliche Zahlung erwarten. Bitte denken Sie daran und überweisen Sie noch heute.

  – Wären Sie nicht auch mit uns unzufrieden, wenn wir die Lieferung um einige Wochen verzögert hätten? Also werden Sie unsere Verstimmung darüber, dass Sie Ihr Geld so lange zurückhalten, gewiss verstehen.

– Wären Sie nicht erstaunt, wenn wir Ihren Auftrag drei Wochen lang unerledigt liegen ließen und auf Ihre Anfrage nicht einmal die Lieferfrist angäben? Bestimmt wären Sie es. Ebenso erstaunt uns Ihr Verhalten, auf unsere Zahlungsaufforderungen nicht zu reagieren. Wir haben doch gewiss alles getan, um Sie durch pünktliche und einwandfreie Lieferung zufrieden zu stellen. Verübeln Sie es uns daher nicht, wenn wir Sie heute erneut darum bitten, durch Bezahlung des geschuldeten Betrages Ihren Verpflichtungen nachzukommen.

– Haben Sie sich seinerzeit nicht gefreut, als wir Ihre Bestellung noch am Tag ihres Eingangs erledigten? Ebenso würden wir uns freuen, wenn auch Sie unsere Rechnung umgehend begleichen würden.

- Berücksichtigung des mit der Zahlung verbundenen Aufwandes, etwa durch bereits vollständig ausgefüllte Überweisungsträger, da viele Leute das Ausfüllen von Formularen scheuen – entweder weil sie zu unbeholfen sind oder weil es ihnen einfach lästig ist.

- Es kann schließlich auch etwas bringen, den Chef der Schuldnerfirma bzw. die Geschäftsleitung in einem späteren Stadium noch einmal persönlich anzuschreiben.

    Lassen Sie sich bitte den Vorgang im Interesse unserer guten (und bisher so unproblematischen) Geschäftsbeziehung unverzüglich zur nochmaligen persönlichen Überprüfung vorlegen.

- Sehr hilfreich bei der Einziehung von Auslandsforderungen können die jeweiligen deutsch-ausländischen Handelskammern sein (Info: DIHK, Tel.: 0 30/2 03 08-0).

Vorsicht! Schuldner-Strategien

In verschiedenen Ratgebern werden Schuldnern Tricks und Schliche vermittelt, wie die Bezahlung ausstehender Rechnungen so weit wie möglich hinausgezögert oder sogar ganz vereitelt werden kann – mit dem Ziel:

Zeit schinden, Gläubiger verunsichern, durch fortwährendes Bereiten von Schwierigkeiten den Gläubiger zum Verzicht zwingen.

Mahn-Strategien

Raffinierte, aber rechtlich legale Vorgehensweise

Nach Mahnung wird dem Gläubiger ein Verrechnungsscheck über einen Teilbetrag der Forderung, zum Beispiel über 4000 Euro bei einer Forderung von 5000 Euro, verbunden mit der Mitteilung übersandt, unter der Bedingung, dass der Scheck eingelöst werde, eine Einigung dahin gehend zustandekomme, dass kein Mehrbetrag mehr geschuldet wird (die Angelegenheit somit insgesamt erledigt ist) und man diesbezüglich auch auf eine Annahmeerklärung der Gegenseite verzichtete.

Nach der Rechtsprechung des Bundesgerichtshofs ist die Einlösung eines Schecks durch den Gläubiger ohne Widerspruch dann als rechtswirksame Annahme des unterbreiteten Vergleichsangebots zu werten.

Es reicht nicht, wenn der Gläubiger erst nach Wertstellung gegenüber dem Schuldner zum Ausdruck bringt, dass er die Zahlung nur als Abschlagszahlung auffasst, da gemäß Rechtsprechung zu diesem Zeitpunkt die Annahme des Vergleichsangebots längst erfolgt ist.

Wichtig: Um dies zu vermeiden, muss der Gläubiger vor der Scheckeinreichung durch ein Schreiben gegenüber dem Schuldner erklären, dass er das Vergleichsangebot nicht annehme und den Scheck lediglich als Abschlagszahlung betrachte. Nur bei einer solchen Vorgehensweise hat er seinen Willen nach außen kundgetan, das Angebot des Schuldners nicht anzunehmen.

Gängige Verzögerungs- und Vereitelungsstrategien des Schuldners

- Behauptung des Schuldners, Rechnung bzw. Mahnung nie erhalten zu haben
- Behauptung, im Einschreibebrief habe ein anderes Schriftstück gelegen (z. B. eine Kopie des Lieferscheins) oder Kuvert sei leer gewesen
- Schuldner mahnt einige Zeit nach Erhalt der Rechnung brieflich die angeblich noch ausstehende Rechnung an
- Schuldner schickt Rechnung versehen mit Stempelaufdruck „Rechnung bezahlt. (+ Datum!) Buchhaltungsfehler! Bitte überprüfen!"

Vorsicht! Schuldner-Strategien

- Mitteilung, dass Rechnungsbetrag bedauerlicherweise auf ein falsches Konto überwiesen wurde, mit der Bitte um Geduld, Bank sei bereits mit Nachforschungen beauftragt, Überweisung erfolge nach Rückbuchung
- Mit Stempelaufdruck „unbekannt verzogen" wird dem Gläubiger die Mahnung zurückgeschickt
- Mitteilung des Schuldners an das zuständige Postamt, dass zu den üblichen Zustellzeiten niemand anwesend sei mit der Bitte, die Sendungen beim Postamt niederzulegen – mit dem Ziel: Fernhalten von Einschreibebriefen sowie Postzustellungen zur eigenen Wohnung; erst wenn die Mitteilung der Post über die Niederlegung im Briefkasten vorliegt, erfolgt eine telefonische Erkundigung des Schuldners über den Absender.
- Manche Schuldner wohnen sogar im Postfach

Die Gegenmaßnahmen des Gläubigers

Nachdem in solchen Fällen klar ist, dass es sich um einen besonders hartnäckigen bzw. böswilligen Schuldner handelt: Schriftstück nochmals übermitteln und Zugang nachweisbar machen, und zwar möglichst durch eine Maßnahme, die den Schuldner beeindruckt:

- Zustellung durch Gerichtsvollzieher, eventuell als Ersatzzustellung durch Niederlegung bei der Post – jedenfalls bei einem höheren Betrag
- Drohung mit Strafanzeige bzw. zumindest Androhung, der Staatsanwaltschaft den Sachverhalt mit der Bitte um strafrechtliche Würdigung zu schildern

Der Umgang mit dem kooperativen Schuldner

Kommen Sie dem Schuldner entgegen! 48
Wie Sie mit Soft-Power-Methoden Ihr Ziel erreichen können 49
Einvernehmliche Titulierung 51

Der Umgang mit dem kooperativen Schuldner

Kommen Sie dem Schuldner entgegen!

Viele Gläubiger gehen unnötig leer aus, weil sie sich nicht beizeiten zu einer Ratenzahlungsvereinbarung oder einem anderen Vergleichsangebot entschließen können!

Grundsätzlich ist es nicht immer angebracht, konsequent sofortige Zahlung des vollen Betrags vom Schuldner zu verlangen.

Sehr häufig ist es Erfolg versprechender, dem nicht zahlungsfähigen Schuldner, der auf Mahnung hin oder auch von selbst seine momentane Geldknappheit offenbart, entgegenzukommen.

Ein solches Entgegenkommen sollte man sich aber vom Schuldner honorieren lassen, und zwar zumindest durch eine schriftliche Ratenzahlungsvereinbarung einschließlich eines Schuldanerkenntnisses oder durch Bestehen auf eine (kostengünstige) freiwillige Titulierung der Forderung.

Wichtig: Die Titulierung einer Forderung ist Grundvoraussetzung für eine später eventuell doch erforderlich werdende Zwangsvollstreckung.

Titulierungsmöglichkeiten

- Titulierung in einer notariell vollstreckbaren Urkunde
- Zusicherung des Schuldners, dass er gegen einen gerichtlichen Mahn- und Vollstreckungsbescheid weder Widerspruch noch Einspruch einlegen wird, wobei sich der Gläubiger im Gegenzug verpflichtet, aus dem Vollstreckungsbescheid so lange nicht zu vollstrecken, wie sich der Schuldner an die getroffene Ratenzahlungsvereinbarung hält.

Wie Sie mit Soft-Power-Methoden Ihr Ziel erreichen können

Ratenzahlungsvereinbarung

Eine schriftliche Ratenzahlungsvereinbarung sollte zumindest folgende Punkte beinhalten:

- Schuldanerkenntnis
- Verzicht auf Einwendungen gegen Grund und Höhe der Forderung
- Sofortige (möglichst hohe) Anzahlung als Zeichen des guten Willens
- Konkrete Ratenzahlungsregelung (Zeitraum: möglichst nicht über ein Jahr)
- Vereinbarung angemessener Zinsen
- Verfallklausel

Formulierungsbeispiel

Ratenzahlungsvereinbarung

zwischen

………………………………… (Gläubiger)

und

………………………………… (Schuldner)

Der Schuldner erkennt an, dem Gläubiger aus … einen Betrag i. H. v. EUR … nebst …% Zinsen hieraus seit … zu schulden.

Der Schuldner verzichtet hiermit auf Einwendungen jeder Art zu Grund und Höhe dieser Forderung.

Der Schuldner verpflichtet sich, an den Gläubiger auf dessen Konto Nr.: … bei der …-Bank bis spätestens … eine Anzahlung i. H. v. EUR … und sodann monatliche Raten i. H. v. je EUR …, fällig jeweils am Ersten eines jeden Monats, erstmals am 1.1.20.. zu zahlen.

Die jeweilige Restforderung ist zur sofortigen Zahlung fällig, wenn der Schuldner mit einer Rate ganz oder teilweise länger als 14 Tage im Rückstand ist.

Unterschriften: Gläubiger und Schuldner

Der Umgang mit dem kooperativen Schuldner

Achtung: Viele Schuldner treten zwar in die Ratenzahlung ein, schicken aber die Vereinbarung nicht unterschrieben zurück. Hierauf sollten Sie jedoch immer bestehen!

Vereinbarung einer Stundung

Eine Stundung bedeutet, dass die Fälligkeit der Forderung hinausgeschoben wird.

Auch in einer Stundungsvereinbarung sollte immer eine Erklärung des Schuldners aufgenommen werden, nach der dieser die Forderung anerkennt.

Hinweis: Eine Verzinsung des gestundeten Betrages kommt grundsätzlich nicht in Betracht , da Zinsen ab Fälligkeit bzw. Verzug zu zahlen sind und durch die Stundung die Fälligkeit hinausgeschoben wird.

Wichtig: Weiterhin ist zu beachten, dass durch die Stundungsvereinbarung die Verjährung nur gehemmt, nicht aber unterbrochen wird, was bedeutet, dass nach Ablauf der Stundungsfrist die Verjährung nicht neu beginnt, sondern weiterläuft.

> **Praxis-Tipp:**
> Als Gläubiger können Sie die Stundungsvereinbarung auch widerrufen, zum Beispiel wenn der Schuldner plötzlich den Anspruch bestreitet oder wenn sich die Vermögensverhältnisse des Schuldners weiter wesentlich verschlechtern.

Formulierungsbeispiel

Der Gläubiger stundet dem Schuldner den aus dem Vertrag ... fälligen Betrag i. H. v. EUR ... bis zum ... .

Der Schuldner erkennt die o. g. Forderung an.

Verlangen von Sicherheiten

Siehe hierzu Kapitel VIII.

Gewährung eines Nachlasses

Diese Möglichkeit ist wirkungsvoll und könnte mit folgendem Mustertext angeboten werden.

Formulierungsbeispiel

> Um die leidige Angelegenheit endgültig aus der Welt zu schaffen, erklären wir uns entgegenkommenderweise dazu bereit, auf 20% unserer Forderung zu verzichten, wenn Sie uns bis zum 20. des Monats 80% des Rechnungsbetrags = EUR … überweisen.

Einvernehmliche Titulierung

Als brauchbares Verhandlungsargument kann dem Gläubiger, der einen Vollstreckungstitel anstrebt (der titulierte Anspruch verjährt in der Regel erst nach 30 Jahren!), der Hinweis auf die kostengünstige freiwillige Titulierung dienen.

Titulierungsarten

Die schnellste (unabhängig vom Geschäftsgang eines Gerichts), einfachste, kostengünstigste und im Übrigen ausgesprochen diskrete Titulierungsart ist das vollstreckbare notarielle Schuldanerkenntnis (§ 794 Abs. 1 Nr. 5 ZPO). Hierfür ist nur erforderlich, einen Beurkundungstermin bei einem Notar zu vereinbaren.

Die absolut häufigste Titulierungsart ist das gerichtliche Mahnverfahren. Hierbei ist keine aktive Mitwirkung, sondern nur eine Duldung des Schuldners erforderlich (siehe Kapitel VI).

Der Umgang mit dem kooperativen Schuldner

Kostenvergleich der Titulierungsarten

(jeweils ohne Rechtsanwalt!)

Forderung	Notarielles Schuld-anerkenntnis	Vollstreckungs-bescheid im gerichtl. Mahnverfahren
Euro 250,–	10,–	23,–
Euro 1 000,–	10,–	27,50
Euro 2 500,–	26,–	40,50
Euro 5 000,–	42,–	60,50

Praxis-Tipp:

Wichtigste Titulierungsart bei schweigendem (untätigem) Schuldner ist das gerichtliche Mahnverfahren, bei bestrittener Forderung dagegen das gerichtliche Klageverfahren. Die Durchführung eines Klageverfahrens ohne Zuziehung eines Rechtsanwalts ist zwar bei Streitwerten bis 5 000 Euro grundsätzlich möglich, jedoch nicht empfehlenswert.

Die Beauftragung eines Inkassounternehmens

Was Sie grundsätzlich wissen sollten 54
Die Vorteile eines Inkassounternehmens 56
Wie Sie ein Inkassounternehmen richtig beauftragen 58
Wie Inkassounternehmen arbeiten 58
Welche Kosten auf Sie zukommen 59

V

Die Beauftragung eines Inkassounternehmens

Was Sie grundsätzlich wissen sollten

Wenn die eigenen Inkassobemühungen nicht zum Erfolg bzw. nicht einmal zu einer Reaktion des Schuldners geführt haben, stehen dem Gläubiger grundsätzlich vier Möglichkeiten offen.

1. Forderung ausbuchen

Durch die Einschaltung eines Dritten (Inkassounternehmen, Rechtsanwalt, Gericht) entsteht jetzt für den Gläubiger erstmals das Risiko, „schlechtem" Geld noch „gutes" Geld hinterherzuwerfen.

Bevor Sie aber ausbuchen, sollten Sie sich unbedingt das neue Forderungsmanagement-Portal „Reduzio" ansehen. Konzept dieses Portals ist, die postleitzahlenbezogene Vermittlung von Forderungsmandanten (insbesondere Geringforderungen) in die Nähe des Schuldners (Details: www.reduzio.de).

2. Selbst das gerichtliche Mahnverfahren einleiten

Diese Möglichkeit sollte nur in Betracht gezogen werden, wenn eine unbestrittene Forderung vorliegt und wenn auf eine weitere Geschäftsbeziehung mit dem Schuldner keinerlei Wert gelegt wird. Vergleichen Sie hierzu Kapitel VI.

3. Rechtsanwalt einschalten

Nach mehreren eigenen erfolglosen Mahnungen ist es zumeist nur dann empfehlenswerter, sofort einen Rechtsanwalt (und nicht ein Inkassounternehmen) zu beauftragen, wenn es sich um eine bestrittene Forderung handelt oder beispielsweise Verjährung droht.

Das wesentliche Tätigkeitsfeld der Rechtsanwälte ist nämlich die Durchführung des gerichtlichen Mahn- bzw. Klageverfahrens zur Titulierung der Forderung sowie Zwangsvollstreckungsmaßnahmen. Es findet im Regelfall keine besondere über die Ankündi-

Was Sie grundsätzlich wissen sollten

gung der genannten Maßnahmen hinausgehende vorgerichtliche Mahntätigkeit statt.

Liegt einer der vorstehend genannten Fälle vor, etwa bestrittene Forderung oder drohende Verjährung, ist es dringend zu empfehlen, einen auf die Forderungseinziehung spezialisierten Rechtsanwalt einzuschalten; Info: Deutsche Anwaltauskunft (Internet: www.anwaltauskunft.de, Tel.: 01805/181805), www.anwalt.de oder mit Hilfe der Gelben Seiten unter der Rubrik Rechtsanwälte, Tätigkeits- bzw. Interessenschwerpunkt Forderungseinziehung bzw. Forderungsbeitreibung.

4. Inkassounternehmen beauftragen

Bei Vorliegen einer unbestrittenen Forderung – auch wenn keine Verjährung droht – kann sehr oft schon die Beauftragung eines Inkassounternehmens weiterhelfen.

Inkassounternehmen haben eine große wirtschaftliche Bedeutung. Mit der Zuerkennung zusätzlicher Befugnisse durch das am 01.07.2008 in Kraft getretene Gesetz zur Neuregelung des Rechtsberatungsrechts hat der Gesetzgeber den Inkassounternehmen den „Ritterschlag" erteilt. Seitdem besteht für alle Anbieter eine Registrierungspflicht.

Unter www.rechtsdienstleistungsregister.de kann sich jetzt jedermann darüber informieren, ob eine Person oder Vereinigung über die notwendigen Voraussetzungen für die Erbringung gerade dieser Rechtsdienstleistung verfügt.

In Deutschland gibt es mehr als 700 Inkassounternehmen, von denen ca. 600 im Bundesverband Deutscher Inkassounternehmen (BDIU) organisiert sind (www.bdiu.de).

BDIU-Mitgliesunternehmen führen dem Wirtschaftskreislauf pro Jahr mehr als vier Milliarden Euro wieder zu.

Die Vorteile eines Inkassounternehmens

Die vorgerichtlichen Erfolgsquoten der Inkassounternehmen liegen nachweislich bei 50 bis 60 Prozent! Die Hauptgründe hierfür sind:

- Dem Schuldner wird der Ernst der Lage deutlich vor Augen geführt.
- Inkassounternehmen verfügen über das nötige Know-how, wie man Schuldner auf angemessene Art und Weise zum Zahlen bewegt.

Die Geschäftsbeziehung mit dem Schuldner wird weitaus weniger belastet als bei Beauftragung eines Rechtsanwalts bzw. selbst vorgenommener Beantragung eines gerichtlichen Mahnbescheids.

Zumindest bei guten Kunden, die sich vielleicht nur in vorübergehenden Zahlungsschwierigkeiten befinden, will man sich doch die Chance auf die Fortsetzung der Geschäftsbeziehung erhalten.

Deshalb enthalten die Aufträge an ein Inkassounternehmen häufig auch eine Klassifizierung der Schuldner wie „guter Kunde – vorsichtig mahnen" bzw. „hartnäckiger Schuldner – mit allen zulässigen Mitteln vorgehen".

Psychologische Vorteile

- Auftritt eines neuen, kompetent erscheinenden Absenders.
- Das Inkassounternehmen fungiert praktisch als neutraler Vermittler zwischen Gläubiger und Schuldner.
- Der Gläubiger gerät aus der Schusslinie.
- Das Inkassounternehmen ist nunmehr aus Sicht des Schuldners der „Angreifer" und übernimmt die negativ belegte Rolle des „Mahners" („Pufferfunktion"!).
- Das Inkassounternehmen wird teilweise als Mahnabteilung des Gläubigers angesehen.

Inkassounternehmen versuchen sämtliche Möglichkeiten erfolgreich auszunutzen. Sie setzen – zusätzlich zur schriftlichen Mahntätigkeit – insbesondere auch auf die persönliche Mahnansprache:

Die Vorteile eines Inkassounternehmens

Telefon- und Außendienstinkasso. Sie stellen damit direkte, persönliche Kontakte her, was viele Gläubiger aus den verschiedensten Gründen unterlassen.

Sie nehmen weiterhin beispielsweise auch Einsicht in Schuldnerverzeichnisse und bedienen sich der Dienste von Auskunfteien (z. B. zur Bonitätsüberprüfung oder auch zur Adressermittlung).

Wichtig: Für den Schuldner steht jetzt seine Kreditwürdigkeit auf dem Spiel. Er muss sich deshalb um Zahlung bemühen, um im Auskunftsbereich noch als kreditwürdig zu gelten.

Eine Bonitätsprüfung des Schuldners gewährleistet schließlich auch, dass bei aussichtslosen Fällen keine zusätzlichen Kosten verursacht werden.

Kostenvorteile

- Einsparung der Gerichts- und Gerichtsvollzieherkosten im Erfolgsfall
- Für den Fall des Nichterfolgs berechnen viele Inkassounternehmen nur eine Pauschale von beispielsweise 25 Euro zzgl. Barauslagen für Ermittlungen, Porti und Telefon.
- Kein Kostenvorschuss für später doch erforderlich werdende Tätigkeit des Rechtsanwalts wegen dessen ständiger Zusammenarbeit mit dem Inkassounternehmen; unter Umständen wird auch vom Rechtsanwalt für den Nichterfolgsfall eine Ermäßigung gegenüber der gesetzlichen Vergütung eingeräumt.
- Der Schuldner muss nach der Rechtsprechung vieler Gerichte die Kosten und Auslagen für die vorgerichtlichen Mahntätigkeiten des Inkassounternehmens erstatten (Höhe: meist entsprechend ca. 0,65 bis 1,3 Prozent-Anwaltsgebühr gemäß RVG); nicht dagegen die für den Erfolgsfall zusätzlich vereinbarte Erfolgsprovision, zum Beispiel fünf Prozent von der Forderungshöhe.

    Bitte beachten Sie aber: Die Erstattungsfähigkeit wird auch von etlichen Gerichten verneint!

Die Beauftragung eines Inkassounternehmens

Wie Sie ein Inkassounternehmen richtig beauftragen

Mustertext eines Inkassoauftrags

Inkassovollmacht

Die Fa. X-Inkasso … wird hiermit bevollmächtigt, wegen unserer Forderung gegen … alle notwendigen Beitreibungsmaßnahmen, die bis zur restlosen Zahlung unserer Forderung erforderlich sind, einzuleiten.

Die Fa. X-Inkasso ist weiterhin bevollmächtigt, alle im Zusammenhang mit dieser Forderung zu treffenden Absprachen, Vereinbarungen etc., ggf. auch mit dritten Personen, in unserem Namen durchzuführen und Geldbeträge mit schuldbefreiender Wirkung entgegenzunehmen.

Die Fa. X-Inkasso ist berechtigt, gerichtliche Maßnahmen einzuleiten und – wenn erforderlich – Untervollmacht zu erteilen.

Bei ständiger Zusammenarbeit mit einem Inkassounternehmen besteht im Übrigen häufig auch die interessante Möglichkeit, von diesem für die letzte eigene Mahnung einen Mahnaufkleber zu erhalten:

Bitte haben Sie Verständnis dafür, dass wir nach Fristablauf die angemahnte Forderung zur Einziehung an das …-Inkassounternehmen abgeben.

Wir vermeiden dadurch zusätzlichen Verwaltungsaufwand, der zu Lasten aller Kunden unseres Hauses gehen würde.

Wir möchten Sie gerne als Kunden behalten, auch wir sind jedoch auf die Realisierung unserer Außenstände angewiesen.

Vielen Dank für Ihr Verständnis.

Wie Inkassounternehmen arbeiten

Die Inkassounternehmen ergreifen insbesondere folgende Maßnahmen:

- Einen individuell zugeschnittenen Schriftwechsel, wie Computereinsatz, Textbausteine bzw. bei kleineren Inkassounternehmen auch individuelle Abfassung des Mahnschreibens, sowie verstärkt die effektiveren Maßnahmen des Telefoninkassos und bei höheren Forderungsbeträgen bzw. in dringenden Fällen, etwa bei drohender Verjährung, Besuch des Schuldners durch Außendienstmitarbeiter

- Abschluss einer Ratenzahlungsvereinbarung einschließlich Schuldanerkenntnis
- Verlangen von Sicherheiten
- Stundung, gegebenenfalls mit gleichzeitigem Abschluss einer Besserungsvereinbarung, das heißt, die Fälligkeit wird bis zur Besserung der wirtschaftlichen Lage des Schuldners hinausgeschoben; dieser ist verpflichtet, bei Eintritt der Besserung unaufgefordert zu zahlen.

In Kapitel IX finden Sie einen Auszug aus der Satzung des BDIU. Bitte lesen Sie sich diesen genau durch.

Praxis-Tipp:

- Eine Liste der BDIU-angeschlossenen Inkassounternehmen können Sie erhalten bei der Geschäftsstelle des BDIU, Tel.: 0 40/28 08 26-0.
- In Fällen nachlässiger Sachbearbeitung oder wenn Inkassounternehmen zum Beispiel rüde Methoden anwenden, empfiehlt es sich, den Vorgang zunächst der Geschäftsstelle des BDIU (Postanschrift: Friedrichstraße 50–55, 10117 Berlin, Tel.: 0 30/20 60 73 60) zur Kenntnis zu bringen.
- Ansonsten gibt es noch die Möglichkeiten der Meldung an den für die Aufsicht über das Inkassounternehmen zuständigen Gerichtspräsidenten und in schwerwiegenden Fällen die Erstattung einer Strafanzeige.

Welche Kosten auf Sie zukommen

Diesbezüglich ist zwischen den erfolgsunabhängigen Inkassokosten und dem Erfolgshonorar zu unterscheiden.

Anders als ein Rechtsanwalt darf ein Inkassounternehmen eine vom Erfolg seiner Tätigkeit abhängige Vergütung, das sogenannte Erfolgshonorar, vereinbaren und verlangen. Dabei ist zu beachten, dass dieses Erfolgshonorar grundsätzlich nicht zum erstattungsfähigen Verzugsschaden gehört, sodass es stets vom Gläubiger zu tragen ist.

Die Beauftragung eines Inkassounternehmens

Etwas anders sieht es mit den erfolgsunabhängigen Inkassokosten aus: Diese sind nach wohl herrschender Meinung in der Rechtsprechung dem Gläubiger zu erstatten, wenn der Schuldner die Forderung nicht bestritten hatte und auch keine sonstige dem Gläubiger erkennbare Zahlungsunwilligkeit oder Zahlungsunfähigkeit des Schuldners vorlag (Höhe: entsprechend 0,65 bis 1,3 Prozent-Anwaltsgebühr gemäß RVG). In Fällen nachlässiger Sachbearbeitung oder wenn Inkassounternehmen beispielsweise rüde Methoden anwenden, empfiehlt es sich, den Vorgang zunächst der Geschäftsstelle des BDIU in Berlin (Kontaktdaten: www.bdiu.de) zur Kenntnis zu bringen.

In schwerwiegenden Fällen haben Sie die Möglichkeit der Meldung an den für die Aufsicht über das Inkassounternehmen zuständigen Gerichtspräsidenten und in schwerwiegenden Fällen die Erstattung einer Strafanzeige.

> **Checkliste: Inkassounternehmen richtig auswählen**
>
> - Testen Sie grundsätzlich das Inkassounternehmen mit einigen Forderungen und beobachten Sie Bemühungen, Erfolg, korrekte Abrechnung und Kosten. Überzeugen Sie sich an Ort und Stelle von der Seriosität des Inkassounternehmens.
>
> - Prüfen Sie, da erhebliche Kostenunterschiede bestehen können, weil es keine verbindliche Gebührenordnung gibt, welche Inkassogebühren und welche Erfolgsprovision gefordert wird und wie hoch die im Misserfolgsfall auf jeden Fall zu bezahlende Pauschale ist.
>
> - Prüfen Sie, wie die Kündigung des Vertragsverhältnisses in den Allgemeinen Geschäftsbedingungen des Inkassounternehmens geregelt ist (oft sehr ungünstig, häufig z. B.: Ersatz der vollen Bearbeitungs- und Mahnkosten für den Fall der Kündigung). Vorteilhaft wäre es, wenn die Kündigung nicht besonders geregelt, sondern den gesetzlichen Vorschriften überlassen ist.
>
> - Prüfen Sie, ob im Verhältnis Inkassounternehmen – Gläubiger eine Rückbelastung mit Inkassokosten erfolgt, wenn diese beispielsweise vom Gericht nicht oder nur zu einem geringen Teil als Verzugsschaden anerkannt werden.
>
> - Bietet das Inkassounternehmen sowohl Telefoninkasso als auch Außendiensttätigkeit an?

Welche Kosten auf Sie zukommen

noch: Checkliste: Inkassounternehmen richtig auswählen

- Beachten Sie: Die Kombination Inkassobüro – Wirtschaftsauskunftei stellt einen zusätzlichen Vorteil dar, da diese insbesondere auch von gewerblichen Schuldnern ernster genommen wird!
- Fordern Sie das Inkassounternehmen auf, Referenzen vorzulegen und Erfolgsquoten zu benennen.
- Ein ganz wichtiges Qualitätszeichen (Gütesiegel!) stellt schließlich die Mitgliedschaft eines Inkassounternehmens im Bundesverband Deutscher Inkassounternehmen (BDIU) dar, da die dort organisierten Inkassounternehmen sich zur Beachtung der in der Satzung des BDIU (Auszug im Anhang) verankerten berufsrechtlichen Pflichten verpflichtet haben (insbesondere § 15 ff.).

Das gerichtliche Mahnverfahren

Grundsätzliches 64
Wie das Mahnverfahren eingeleitet wird 64

Grundsätzliches

Das gerichtliche Mahnverfahren bietet, wenn die außergerichtlichen Mahnungen erfolglos geblieben sind, die Möglichkeit, kostengünstig und auf relativ einfache und schnelle Art einen Vollstreckungstitel zu erhalten.

Wichtig: Nur in ca. 20 Prozent der Fälle wird Widerspruch gegen den Mahnbescheid eingelegt!

Das gerichtliche Mahnverfahren sollte allerdings nur dann gewählt werden, wenn mit Einwendungen des Schuldners gegen den erhobenen Geldanspruch nicht zu rechnen ist, die Forderung insbesondere nicht bestritten ist.

Andernfalls stellt die Einleitung des gerichtlichen Mahnverfahrens einen unnötigen Umweg dar, da es zu erheblichen Zeitverzögerungen gegenüber sofortigem Klageverfahren unter Einschaltung eines Rechtsanwalts kommen kann.

Bemerkenswert ist, dass bei Forderungen über 5 000 Euro zwar das Mahnverfahren, nicht jedoch das Klageverfahren ohne Rechtsanwalt betrieben werden kann!

Wie das Mahnverfahren eingeleitet wird

Das gerichtliche Mahnverfahren wird eingeleitet durch einen Antrag des Gläubigers beim örtlich zuständigen Amtsgericht.

Für die Beantragung eines Mahnverfahrens bei den Zivilgerichten wurde vom Bundesminister der Justiz der sogenannte Mahnbescheidsantrag für das maschinelle (automatisiete) Mahnverfahren (aktuelle Fassung 2009) herausgegeben.

Das alte konventionelle Mahnverfahren ist damit seit 01.01.2009 abgeschafft worden.

> **Praxis-Tipp:**
> Muster dieses aktuell gültigen Antragsvordrucks mit amtlichen Ausfüllhinweisen, Ausfüll-Tipps und weiteren hilfreichen Infos zum gerichtlichen Mahnverfahren finden Sie unter: www.mahnverfahren-aktuell.de sowie www.mahnforum.de

Wie das Mahnverfahren eingeleitet wird

Seit 01.12.2008 dürfen allerdings Rechtsanwälte und Inkassounternehmen keine Vordrucke mehr verwenden, sie sind somit verpflichtet, den elektronischen Datenaustausch zu nutzen, beispielsweise den Online-Mahnantrag (nähere Informationen dazu finden Sie unter www.mahnverfahren-aktuell.de und www.online-mahnantrag.de).

Die Kosten für die Vertretung durch ein Inkassounternehmen im gerichtlichen Mahnverfahren sind vom Gesetzgeber auf 25 Euro festgeschrieben worden (§ 4 Abs. 4 EGRDG).

Örtlich zuständig ist grundsätzlich das Gericht, in dessen Bezirk der Gläubiger seinen Wohnsitz oder seinen gewöhnlichen Aufenthalt hat.

Bei juristischen Personen, wie Aktiengesellschaften oder Gesellschaften mit beschränkter Haftung, bestimmt sich die örtliche Zuständigkeit nach dem Ort, an dem die Verwaltung geführt wird.

Der Mahnbescheid wird dem Schuldner vom Gericht zugestellt (verjährungshemmende Wirkung!) und der Gläubiger kann zwei Wochen nach Zustellung des Mahnbescheids den Erlass eines Vollstreckungsbescheids beantragen, wenn der Schuldner bis dahin keinen Widerspruch gegen den Mahnbescheid eingelegt hat.

Achtung: Wird Widerspruch eingelegt, kann der Gläubiger beantragen, dass das normale, streitige Gerichtsverfahren eingeleitet wird. Rechtsanwalt einschalten! Diesen Antrag im Regelfall nicht bereits im Mahnbescheidsantrag durch Ankreuzen des dafür vorgesehenen Feldes stellen, da dies zu erheblichen Kostennachteilen führen kann!

Ist kein Widerspruch eingelegt worden, kann der Gläubiger den vom Gericht erlassenen Vollstreckungsbescheid entweder selbst zustellen oder vom Gericht zustellen lassen.

Erfolgt auch innerhalb von zwei Wochen nach Zustellung des Vollstreckungsbescheids kein Einspruch des Schuldners gegen diesen, so wird der Vollstreckungsbescheid rechtskräftig und steht einem rechtskräftigen Urteil gleich, sodass anschließend die Zwangsvollstreckung eingeleitet werden kann.

Das gerichtliche Mahnverfahren

Was Sie noch wissen sollten

- Der Mahnbescheid wird beim Amtsgericht vom Rechtspfleger nur auf formelle Ordnungsmäßigkeit geprüft, insbesondere auf die Ausfüll-Formalien.

- Die materielle Rechtmäßigkeit, das heißt, ob dem Antragsteller der Anspruch auch tatsächlich zusteht, wird dagegen nicht geprüft. Diesbezüglich enthält das Mahnbescheidsformular auch einen entsprechenden Hinweis für den Schuldner.

- Der Gläubiger (Antragsteller genannt) wird vom Gericht unterrichtet, wenn der Mahnbescheid dem Antragsgegner zugestellt wurde.

Checkliste: Gängige Vorgehensweisen des Gläubigers

- Bei kooperativem, gutwilligem Schuldner: Freiwillige Titulierung (notarielle Urkunde bzw. Duldung des gerichtlichen Mahnverfahrens) oder zumindest schriftliches Schuldanerkenntnis (jeweils in Verbindung mit Ratenzahlungsvereinbarung!)

- Bei untätigem (schweigendem) Schuldner: Eventuell Inkassounternehmen beauftragen oder sofort gerichtlicher Mahnbescheid

- Bei bestreitendem bzw. böswilligem Schuldner: Rechtsanwalt beauftragen, gerichtliche Klage!

- Wenn Schuldner „seine Zelte abbricht": Gegebenenfalls zivilprozessuales Arrestverfahren (§ 916 ff. ZPO); Rechtsanwalt beauftragen!

- Wenn Schuldner erkennbar auf Dauer zahlungsunfähig: Ausbuchung der Forderung

Die Zwangsvollstreckung

Grundsätzliches 68
Die Sachpfändung 70
Die Forderungspfändung 72
Die eidesstattliche Versicherung 73

VII

Grundsätzliches

Zwangsvollstreckung nennt man das Verfahren, in dem titulierte Ansprüche durch staatlichen Zwang verwirklicht werden.

Voraussetzung jeder Zwangsvollstreckung ist daher in unserem Rechtsstaat zunächst einmal die Titulierung der Forderung.

Der Vollstreckungstitel ist eine staatliche Bescheinigung darüber, dass die vom Gläubiger zunächst nur behauptete Forderung tatsächlich zu Recht besteht. Gemäß § 704 Abs. 1 ZPO findet die Zwangsvollstreckung statt aus Endurteilen, die rechtskräftig oder für vorläufig vollstreckbar erklärt sind. Das gerichtliche Urteil stellt somit den Standardfall des Vollstreckungstitels dar.

§ 794 ZPO bestimmt, dass die Zwangsvollstreckung ferner stattfindet, beispielsweise aus Vergleichen vor einem deutschen Gericht, aus Vollstreckungsbescheiden sowie aus Urkunden, die von einem deutschen Gericht oder von einem deutschen Notar innerhalb der Grenzen seiner Amtsbefugnisse in der vorgeschriebenen Form aufgenommen sind, sofern die Urkunde über einen Anspruch errichtet ist, der die Zahlung einer bestimmten Geldsumme oder die Leistung einer bestimmten Menge anderer vertretbarer Sachen oder Wertpapiere zum Gegenstand hat und der Schuldner sich in der Urkunde der sofortigen Zwangsvollstreckung unterworfen hat.

Kommt der Schuldner seinen Verpflichtungen aus einem solchen Vollstreckungstitel nicht freiwillig nach, stellt der Staat dem Gläubiger Zwangsmittel zur Durchsetzung seines Anspruches zur Verfügung.

Weitere Voraussetzungen der Zwangsvollstreckung neben dem Vorliegen eines Vollstreckungstitels sind:

- Der Titel muss mit der Vollstreckungsklausel versehen sein und der Titel muss vor oder mit Beginn der Zwangsvollstreckung dem Schuldner zugestellt werden.

- Die Vollstreckungsklausel muss dabei auf der Ausfertigung des Titels wie folgt vermerkt sein:

    Vorstehende Ausfertigung wird dem ... (Gläubiger) zum Zwecke der Zwangsvollstreckung erteilt.

- Eine Ausfertigung des Urteils, versehen mit der Vollstreckungsklausel, erhält der Gläubiger auf Antrag von dem Gericht, das das Urteil erlassen hat. Nicht notwendig ist die Vollstreckungsklausel bei Vollstreckungsbescheiden und einigen anderen in § 794 ZPO genannten Titeln.
- Die Zustellung des Vollstreckungstitels an den Schuldner erfolgt grundsätzlich von Amts wegen. Es ist jedoch auch auf Antrag eine Zustellung im Parteibetrieb möglich, in diesem Falle muss der Gläubiger selbst für die Zustellung sorgen und den Gerichtsvollzieher beauftragen, wobei dieser dann aber auch gleichzeitig Vollstreckungsmaßnahmen durchführen kann.

Wichtig: Die Zwangsvollstreckung erfolgt nur auf Antrag des Gläubigers, da dieser grundsätzlich frei in der Entscheidung ist, ob er überhaupt die Zwangsvollstreckung betreiben will, beispielsweise wird er von Zwangsvollstreckungsmaßnahmen absehen, wenn diese wegen Zahlungsunfähigkeit des Schuldners völlig aussichtslos sind und ihm dadurch nur Kosten entstehen würden.

Die Organe der Zwangsvollstreckung

Organe der Zwangsvollstreckung sind der Gerichtsvollzieher, das Vollstreckungsgericht und das Prozessgericht erster Instanz, wobei im Rahmen dieses allgemeinen Überblicks nur auf Gerichtsvollzieher und Vollstreckungsgericht eingegangen werden kann.

Gerichtsvollzieher

Die Gerichtsvollzieher werden vom jeweiligen Oberlandesgerichtspräsidenten einem bestimmten Amtsgericht zugeordnet, in dessen Zuständigkeitsgebiet sie einen bestimmten Dienstbezirk zugeteilt erhalten. Der jeweilige Gerichtsvollzieher ist dann für alle in seinem Dienstbezirk vorzunehmenden Vollstreckungshandlungen zuständig.

Der Vollstreckungsauftrag, den der Gläubiger an den zuständigen Gerichtsvollzieher richtet, ist rein rechtlich ein Antrag auf Durchführung der gesetzlich vorgesehenen Vollstreckungsmaßnahmen.

Die Zwangsvollstreckung

Durch den Auftrag wird der Gerichtsvollzieher zur Durchführung der Zwangsvollstreckung befugt, wobei er kraft Gesetzes insbesondere zu folgenden Handlungen berechtigt ist:

- Inempfangnahme von Zahlungen oder sonstigen Leistungen
- Quittungserteilung über das Empfangene
- Aushändigung der vollstreckbaren Ausfertigung des Schuldtitels an den Schuldner nach vollständiger Befriedigung des Gläubigers

Weitere wichtige Kompetenzen der Gerichtsvollzieher sind vor allem die Vereinbarung und Entgegennahme von Ratenzahlungen sowie die Abnahme der eidesstattlichen Versicherung.

Vollstreckungsgericht

Das Vollstreckungsgericht ist zuständig für die Zwangsvollstreckung in das unbewegliche Vermögen (Zwangsverwaltung und Zwangsversteigerung) sowie für die Zwangsvollstreckung in Forderungen und andere Vermögensrechte (Forderungspfändung, Pfändungs- und Überweisungsbeschluss).

Nachfolgend werden nun die wichtigsten Arten der Zwangsvollstreckung für den Gläubiger einer Geldforderung kurz dargestellt.

Die Sachpfändung

Der Auftrag zur Sachpfändung kann an die Verteilungsstelle für Gerichtsvollzieheraufträge des Amtsgerichts, in dessen Bezirk der Schuldner wohnt oder seinen Sitz hat, gerichtet werden, die dann den Auftrag an den zuständigen Gerichtsvollzieher weiterleitet.

Beizufügen ist dabei der in der Regel mit der Vollstreckungsklausel versehene Vollstreckungstitel und es muss die zu vollstreckende Forderung nach Hauptforderung, Kosten und Zinsen bezeichnet sein.

Wichtig: Im Fachhandel sind zwar Formulare für Zwangsvollstreckungsaufträge erhältlich, diese müssen jedoch nicht unbedingt verwendet werden. Grundsätzlich ist ein formloser Zwangsvollstreckungsauftrag ausreichend.

Bei der Sachpfändung hat der Gerichtsvollzieher den Auftrag, bewegliche Sachen des Schuldners zu pfänden. Hierzu kann ihm erlaubt werden, die Wohnung des Schuldners nach pfändbaren Sachen zu durchsuchen, wobei Gegenstände mit einem Wert von unter 150 Euro von den Gerichtsvollziehern jedoch meistens nicht gepfändet werden.

Unpfändbar sind gemäß § 811 ZPO insbesondere die dem persönlichen Gebrauch oder dem Haushalt dienenden Sachen, wie notwendige Kleidungsstücke, Möbel, Betten, Wäsche, Küchengeräte, Fernseher, Uhren, Nahrungsmittel.

Außerdem unpfändbar sind auch Gegenstände, die der persönlichen Erwerbstätigkeit dienen.

Achtung: Nach § 811a ZPO (Austauschpfändung) kann aber beispielsweise eine wertvolle goldene Armbanduhr gegen eine funktionsfähige einfache oder ein Farbfernsehgerät gegen ein einfaches Schwarzweiß-Gerät ausgetauscht werden!

Durchführung der Pfändung (§ 808 ff. ZPO)

- Zu Beginn der Zwangsvollstreckung fordert der Gerichtsvollzieher den Schuldner zur Zahlung auf. Wenn der Schuldner nicht freiwillig zahlt, muss der Gerichtsvollzieher eine Sachpfändung vornehmen.

- Wenn er hierzu die Wohnung oder die Geschäftsräume des Schuldners betreten muss, bedarf er dazu der Zustimmung des Schuldners oder eines sonst anwesenden volljährigen Familienangehörigen.

- Wird diese Zustimmung verweigert oder trifft der Gerichtsvollzieher den Schuldner oder einen Familienangehörigen nicht an, benötigt er eine besondere richterliche Erlaubnis.

- Diese Durchsuchungserlaubnis ergeht durch Beschluss des Vollstreckungsgerichts auf Antrag des Gläubigers bzw. des Gerichtsvollziehers. Nach Vorliegen dieses Beschlusses ist der

Gerichtsvollzieher befugt, die Wohnung bzw. die Geschäftsräume des Schuldners zu durchsuchen, wenn der Zweck der Vollstreckung dies erfordert.

- Der Gerichtsvollzieher muss schließlich über die Pfändung ein Pfändungsprotokoll aufsetzen.

Die Forderungspfändung

Nachdem Schuldner häufig Geldforderungen gegen Dritte haben, zum Beispiel Lohn- bzw. Gehaltsansprüche gegen Arbeitgeber, ist es für den Gläubiger häufig auch interessant in diese Ansprüche des Schuldners gegen Dritte wegen der ihm zustehenden Geldforderung die Zwangsvollstreckung zu betreiben.

Diese erfolgt in solchen Fällen durch den Pfändungs- und Überweisungsbeschluss.

Dieser wird auf Antrag des Gläubigers durch das Amtsgericht als Vollstreckungsgericht erlassen.

Der Beschluss enthält das Verbot für den Drittschuldner (z. B. Arbeitgeber des Schuldners!) an den Schuldner zu zahlen und das Gebot an den Schuldner, sich jeder Verfügung über die gepfändete Forderung, insbesondere ihrer Einziehung oder Abtretung, zu enthalten.

Der Pfändungs- und Überweisungsbeschluss ist erst wirksam, wenn er dem Drittschuldner zugestellt worden ist. Außerdem soll er auch dem Schuldner zugestellt werden.

Auch hier gibt es natürlich unpfändbare und beschränkt pfändbare Forderungen. So sind gemäß § 850 ff. ZPO Arbeitseinkommen und einige andere laufende Bezüge nur in einem beschränkten Umfange pfändbar. Der pfändbare Teil des Nettoarbeitseinkommens richtet sich dabei nach der Höhe des Einkommens und der Zahl der Unterhaltsberechtigten.

Wichtig: Grundsätzlich unpfändbar sind beispielsweise das Urlaubsgeld, das Erziehungsgeld, Sozialhilfeleistungen, das Weihnachtsgeld bis zu einer bestimmten Höhe sowie die Hälfte von Überstundenvergütungen.

Pfändbar sind außer Lohn- und Gehaltsanteilen bis zur Pfändungsfreigrenze insbesondere Steuerrückzahlungen vom Finanzamt, Ansprüche aus Lebensversicherungen, Renten- und Hinterbliebenenbezüge, Auszahlungen der Bausparsumme nach Zuteilung, Giro- oder Spargutenhaben bei Kreditinstituten, Mieteinkünfte.

Die eidesstattliche Versicherung

Wenn alle Pfändungsversuche für einen Gläubiger erfolglos verlaufen sind, kann er noch einen Antrag auf Abgabe der eidesstattlichen Versicherung (früher: Offenbarungseid) stellen.

Hierdurch kann der Gläubiger den Schuldner zwingen, seine Vermögensverhältnisse so offenzulegen, dass der Gläubiger ihm bisher unbekannte Vermögensstücke pfänden kann.

Der Gerichtsvollzieher lädt dabei den Schuldner zu einem Termin, bei dem das Vermögensverzeichnis erstellt werden muss.

Der Schuldner muss dabei an Eides statt erklären, dass er sein Vermögen hierin vollständig angegeben hat.

Nach Abgabe der eidesstattlichen Versicherung wird der Schuldner für drei Jahre beim zuständigen Amtsgericht in einem Schuldnerverzeichnis geführt. Nachdem Auskunfteien und Banken hiervon erfahren und besondere Verzeichnisse führen, scheuen Schuldner natürlich die Abgabe der eidesstattlichen Versicherung.

Praxis-Tipp:
Die Ankündigung des Antrags auf Abgabe der eidesstattlichen Versicherung ist eventuell ein letztes Druckmittel gegen den Schuldner!

Kleines Schutzprogramm gegen Forderungsausfälle

Klare Vertragslage schaffen 76
Günstige Vertragsklauseln verwenden 76
Bonitätsprüfung durchführen 78
Checkliste:
Gefahr von Forderungsausfällen rechtzeitig erkennen 80
Sicherheiten verlangen 84
Zahlungsfördernde Rechnungen stellen 85

VIII

Kleines Schutzprogramm gegen Forderungsausfälle

Klare Vertragslage schaffen

Der vorausschauende Gläubiger wird bereits im Vorfeld von den vielfältigen Schutz- und Vorsorgemaßnahmen sowie Absicherungsmöglichkeiten Gebrauch machen.

Obwohl auch mündlich geschlossene Verträge in den meisten Fällen wirksam sind, ist generell der Abschluss eines detaillierten schriftlichen Vertrags dringend zu empfehlen.

> **Praxis-Tipp:**
> Auch telefonisch geschlossene Verträge sollten zumindest immer schriftlich bestätigt werden.

Günstige Vertragsklauseln verwenden

Diesbezüglich sind insbesondere folgende zulässige – und im späteren Problemfall ungemein vorteilhafte – vertragliche Klauseln zu nennen.

Klausel 1

> Der Preis beträgt EUR … Er ist am … zur Zahlung fällig.

Diese Klausel macht eine Mahnung entbehrlich, weil die Leistung kalendermäßig bestimmt ist (§ 286 Abs. 2 BGB). Zugleich enthebt sie den Gläubiger von dem Problem, im Bestreitensfalle den Zugang der Mahnung beim Schuldner nachweisen zu müssen.

Klausel 2

> Der Preis beträgt EUR … Er ist sofort nach Lieferung zur Zahlung fällig. Verzug tritt ohne Mahnung ein.

Auch diesbezüglich ist eine Mahnung entbehrlich, weil durch diese zulässige vertragliche Vereinbarung auf die Mahnung verzichtet werden kann.

Günstige Vertragsklauseln verwenden

Achtung: Bitte beachten Sie, dass diese Klausel in Allgemeinen Geschäftsbedingungen nicht erlaubt ist, sondern immer individuell vereinbart werden muss.

Klausel 3

> Gerät der Käufer mit der Zahlung des Kaufpreises in Verzug, so schuldet er dem Verkäufer für die Dauer des Verzugs Verzugszinsen in Höhe von 15% jährlich (oder: in Höhe von fünf Prozentpunkten über dem jeweiligen Diskontsatz der Bundesbank)."

Der Gläubiger braucht hier in einem etwaigen späteren Rechtsstreit keinen Nachweis bezüglich der Höhe der Verzugszinsen zu führen, da die Höhe vereinbart ist.

Praxis-Tipp:
In Allgemeinen Geschäftsbedingungen wird eine solche Zinsklausel von der Rechtsprechung allenfalls in Höhe von zwei Prozent über dem Bundesbankdiskontsatz für wirksam gehalten.

Klausel 4

> Kommt der Schuldner mit der Zahlung einer Rate 14 Tage in Rückstand, ist der gesamte noch offene Restbetrag zur Zahlung fällig.

Diese Verfallklausel, die etwa bei einer Ratenzahlungsregelung vereinbart werden kann, hat den Zweck, die Zahlungsmoral des Schuldners zu verbessern, der ansonsten damit rechnen muss, dass er den Restbetrag auf einmal zu zahlen hat.

Klausel 5

> Für jede Mahnung wird eine Pauschalgebühr von EUR 5,– erhoben.

Der Vorteil ist, dass Beweisrisiken in einem etwaigen späteren Rechtsstreit vermieden werden.

Bitte beachten: Bei Verwendung einer solchen Klausel in den Allgemeinen Geschäftsbedingungen muss hinter dem Wort Mah-

Kleines Schutzprogramm gegen Forderungsausfälle

nung der Zusatz „mit Ausnahme der Erstmahnung" eingefügt werden. Außerdem darf nach der Rechtsprechung die Mahnpauschale in Allgemeinen Geschäftsbedingungen nicht höher als 2,50 Euro sein.

Klausel 6

> Wird bei Zahlungsverzug ein Inkassounternehmen mit der Forderungseinziehung beauftragt, hat der Schuldner die aus dieser Beauftragung entstehenden Kosten mit Ausnahme des Erfolgshonorars zu tragen.

Damit wird ein starker psychologischer Effekt erzielt, da der Schuldner zumindest mit einer ständigen Zusammenarbeit des Gläubigers mit einem Inkassounternehmen rechnen muss.

Außerdem hat der Gläubiger im Streitfall kein Problem, die Kosten des beauftragten Inkassounternehmens erstattet zu bekommen.

Hintergrund hierfür ist, dass in Rechtsprechung und Literatur unterschiedliche Auffassungen zur Frage der Erstattungsfähigkeit von Inkassokosten bestehen (siehe Kapitel V).

Wichtig: Eine derartige Vereinbarung ist im Übrigen auch in Allgemeinen Geschäftsbedingungen des Gläubigers zulässig.

VIII Bonitätsprüfung durchführen

Es ist dringend zu empfehlen, vor Begründung einer Forderung zu prüfen, ob der Schuldner zahlungswillig und zahlungsfähig ist.

Zahlungswilligkeit lässt sich aus Bank- oder Kreditauskünften ablesen, die über das bisherige Zahlungsverhalten des Schuldners berichten, Zahlungsfähigkeit ist von der Vermögenslage des Schuldners abhängig.

> **Praxis-Tipp:**
> Bei größeren Geschäften ist die Prüfung der Vermögenslage des Schuldners (Bonitätsprüfung) unverzichtbar.

Bonitätsprüfung durchführen

Wie Sie am besten an Informationen über Privatschuldner rankommen

Schuldnerregister

Das bei den Amtsgerichten geführte Schuldnerregister registriert diejenigen Personen, die vom Gesetz her die Eintragungsvoraussetzungen praktisch unterstellter Zahlungsunfähigkeit erfüllen.

An das Amtsgericht …

Schuldnerregister …

Ich bitte zum Zwecke der Prüfung der Zahlungsfähigkeit um Auskunft, ob Herr … (Anschrift) … im dortigen Register eingetragen ist.

Schufa-Auskunft

Banken und Versandhäuser führen im Rahmen der Schutzgemeinschaft für Abzahlungskäufe (Schufa) ein bundesweites privates Schuldnerregister.

Registriert sind darin Art und Höhe von Kreditverpflichtungen und zusätzlich sogenannte Negativmerkmale, beispielsweise erforderlich gewordene Vollstreckungsmaßnahmen, insbesondere jedoch Eintragungen ins gerichtliche Schuldnerregister.

Nachdem die Firmen der angeschlossenen Branchen vor Abschluss von Geschäften bei der Schufa nach dem Schuldner rückfragen, führen Eintragungen dazu, dass der Schuldner bei den angeschlossenen Firmen keinen oder jedenfalls keinen ungesicherten Kredit erhält.

In Anbetracht der umfassenden und bundesweiten Verbreitung der Angaben wird die Schufa-Eintragung bei Schuldnern meist wesentlich mehr gefürchtet als die Eintragung im Schuldnerregister.

Wichtig: Interessant ist, dass jedermann von der Schufa Auskunft über die zu seiner Person gespeicherten Daten einholen und jeder Gläubiger von seinem künftigen Schuldner die Vorlage eines solchen Auszugs verlangen kann.

Kleines Schutzprogramm gegen Forderungsausfälle

Kreditauskunft

In allen größeren Städten gibt es Kreditauskunfteien (Wirtschaftsauskunfteien), die gewerbsmäßig Informationen über Personen und Unternehmen liefern, wobei hier die Qualität sehr unterschiedlich sein kann.

Wie Sie am besten an Informationen über gewerblich tätige Schuldner rankommen

Eine ganze Reihe von Informationen können Sie bereits durch die Anforderung eines Handelsregisterauszugs (beim Amtsgericht!), durch die Anforderung einer Gewerberegisterauskunft (bei den Wirtschafts- und Ordnungsbehörden) oder durch eine Bankauskunft (über die eigene Hausbank) erhalten.

Praxis-Tipp:
Es können natürlich auch die Dienste einer Wirtschaftsauskunftei in Anspruch genommen werden. Informationen über Wirtschaftsauskunfteien erhalten Sie beim Verband der Vereine Creditreform (Tel.: 0 21 31/1 09-0).

Checkliste: Gefahr von Forderungsausfällen rechtzeitig erkennen

Überwachung der Korrespondenz

Die Bankverbindung wurde gewechselt, eventuell sogar zu einem örtlich entfernteren Institut einer anderen Gesellschaft.

Verdacht: Der Kreditrahmen war ausgeschöpft oder es bestanden Differenzen mit der Bank.

Praxis-Tipp:
Über die eigene Hausbank bei der bisherigen und bei der neuen Bank Auskünfte einholen.

Checkliste: Gefahr von Forderungsausfällen rechtzeitig erkennen

Der Kunde hat zu seiner Bankverbindung noch eine weitere hinzugenommen.

Mögliche Folgerung: Gefahr, dass versucht wird, durch Scheckreiterei Liquidität aufzubessern.

Praxis-Tipp:
Auskünfte über Kreditlage des Kunden einholen.

Betriebssitz ist an einen anderen Ort oder in einen anderen Amtsgerichtsbezirk verlegt worden.

Mögliche Folgerung: Neuer Standort soll Kreditwürdigkeit steigern, da möglicherweise am alten Ort das Geschäftsgebaren hinreichend bekannt war.

Praxis-Tipp:
Auskunftei mit Nachforschung beauftragen.

Auftragsüberwachung

Bisher regelmäßig erteilte Aufträge gehen nur noch sporadisch ein oder nur noch in Kleinmengen.

Mögliche Folgerung: Könnte ein Zeichen von Zahlungsunfähigkeit sein; insbesondere wenn auch Zahlungen nur noch schleppend eingehen.

Praxis-Tipp:
Ware nur noch gegen Vorauskasse liefern!

Kunde bestellt plötzlich ein Vielfaches der Menge, die er bisher bestellt hat, ohne dafür eine Erklärung zu geben.

Mögliche Folgerung: Mitanbieter, denen die Zahlungsschwierigkeiten aufgefallen sind, liefern nicht mehr.

> **Praxis-Tipp:**
> Sicherheiten erhöhen oder nur noch gegen Vorauskasse liefern.

Kunde bietet gelieferte Ware häufig im Sonderangebot und zu Niedrigpreisen an.

Mögliche Folgerung: Kunde muss wegen Zahlungsschwierigkeiten um jeden Preis verkaufen und Umsatz machen.

> **Praxis-Tipp:**
> Nach Gründen fragen und Lieferkredit in keinem Fall erhöhen.

Überwachung des Zahlungsverhaltens

Schon bei kleineren Rechnungen wird ein Hinweis auf einen angeblich nur kurzzeitigen finanziellen Engpass gegeben – unter weiterem Hinweis auf den in Aussicht stehenden Großauftrag, der alle Probleme lösen soll.

Mögliche Folgerung: Große Liquiditätsprobleme.

> **Praxis-Tipp:**
> Gehen Sie der Sache unbedingt nach.

Kunde ändert seine bisherige Zahlungsweise, etwa vom Scheck auf den Wechsel.

Mögliche Folgerung: Wegen Liquiditätsschwierigkeiten wird versucht, zu längeren Laufzeiten zu gelangen.

> **Praxis-Tipp:**
> Aufpassen und nachforschen.

Checkliste: Gefahr von Forderungsausfällen rechtzeitig erkennen

Kunde überschreitet Zahlungsziele, verzichtet plötzlich auf Skontoausnutzung und bittet um Stundung.
Mögliche Folgerung: Kreditfähigkeit ist gefährdet.

Praxis-Tipp:
Sicherheiten erhöhen oder Kreditlimit reduzieren.

Es werden Teilzahlungen auf alte Schulden angeboten und geleistet und gleichzeitig für die Zukunft höhere Teilaufträge versprochen.
Mögliche Folgerung: Kunde will Zeit gewinnen, um aus einem finanziellen Engpass herauszukommen, und die Teilzahlungen sollen zugleich beruhigend wirken.

Praxis-Tipp:
Auf Ausgleich der Rechnungen in überschaubarer Zeit bestehen und nur noch gegen Vorauskasse liefern.

Kunde bietet für Außenstände Sicherheiten in Form von Forderungsabtretungen an.
Mögliche Folgerung: Bank ist nicht mehr bereit, Außenstände des Kunden zu bevorschussen.

Praxis-Tipp:
Ablehnen, da möglicherweise diese Forderungen anderweitig abgetreten sind oder bereits Eigentumsvorbehalte bestehen.

Es kommt zu Scheckrückgaben und Wechselprotesten.
Folgerung: Kunde ist nicht mehr zahlungsfähig.

Praxis-Tipp:
Sofort alle Lieferungen einstellen und die unter Eigentumsvorbehalt gelieferte Ware schnellstens zurückholen.

Kleines Schutzprogramm gegen Forderungsausfälle

Dass das Bekanntwerden von Entlassungen in größerem Umfang oder der Schließung von Filialen auf gravierende finanzielle Probleme beim Schuldner schließen lässt, bedarf wohl keiner weiteren Erörterung!

Sicherheiten verlangen

Wenn keine Barzahlung möglich ist, so ist es doch empfehlenswert, die Forderung zumindest in irgendeiner Form zu besichern, das heißt der Schuldner muss dem Gläubiger neben der Forderung ein weiteres Recht einräumen, aus dem sich der Gläubiger befriedigen kann, wenn die Forderung selbst nicht fristgemäß bezahlt wird.

Die wichtigsten Sicherungsmaßnahmen
- Eigentumsvorbehalt (§ 449 BGB)
- Sicherungsübereignung (§ 930 BGB)
- Forderungsabtretung (§ 398 BGB)
- Bürgschaft (§ 765 BGB)
- Schuld- oder Garantieversprechen (§ 780 BGB)
- Pfandrecht (§ 1204 BGB)

Praxis-Tipp:

Gehen Sie aber etwa beim Verlangen einer Bürgschaft möglichst diplomatisch vor – eventuell darauf hinweisen, dass dies nur eine Routineangelegenheit ist.

Wichtig: Jedes Unternehmen sollte sich immer zumindest Gedanken darüber machen, ob nicht – um sich gegen größere Forderungsausfälle (z. B. Insolvenz eines Hauptkunden) abzusichern – eine Kreditversicherung abgeschlossen werden sollte. Die Beiträge für eine solche Kreditversicherung richten sich beispielsweise nach den erwarteten Außenständen oder – bei kleineren Firmen – nach dem Vorjahresumsatz. Weitere Informationen zum Thema Kreditversicherung erhalten Sie zum Beispiel von der Hermes Kreditversicherungs-AG in Hamburg, Tel.: 0 40/88 34-0.

Ausführliche Informationen zum möglicherweise ebenfalls interessanten Thema „Factoring" (Verkauf aller Forderungen gegen gewerbliche Kunden an ein sogenanntes Factoring-Unternehmen, das die Forderungen vorfinanziert und das Risiko trägt) erhalten Sie vom Deutschen Factoring-Verband e.V. in Berlin, Tel.: 0 30/20 65 46 54.

Zahlungsfördernde Rechnungen stellen

Abschließend ist noch darauf hinzuweisen, dass der Gläubiger auch durch entsprechende Rechnungsstellung auf baldigen Zahlungseingang hinwirken kann:

- Stellen Sie Rechnungen so bald wie möglich, um dem Gläubiger zu zeigen, dass Sie an einem schnellen Zahlungseingang interessiert sind.

- Stellen Sie Rechnungen auch so sorgfältig (eventuell genau spezifiziert) und ausdrucksstark (eventuell auch auffällig) wie möglich, um den Cash-flow (Kassenzufluss) zu beschleunigen.

- Setzen Sie immer eine eindeutige Zahlungsfrist (am besten ein Kalenderdatum).

- Animieren Sie den Schuldner zu baldiger Zahlung, indem Sie in der Rechnung für diesen Fall ein attraktives Skontoangebot unterbreiten. Berücksichtigen Sie dabei, dass Ihre Skontosätze immer über dem Zinsniveau für Bankkredite liegen sollten, da dies den Schuldner dazu motiviert, Ihre Rechnungen rasch zu bezahlen, weil es wirtschaftlich sinnvoll ist. Heben Sie dabei auch hervor, dass es sich bei Ihrem Skontoangebot um keinen Preisnachlass handelt, sondern um ein Zahlungsanreizprogramm!

- Fügen Sie der Rechnung immer bereits ausgefüllte Überweisungsformulare bei!

Kleines Schutzprogramm gegen Forderungsausfälle

Checkliste: Forderungsausfälle minimieren

- Schaffen Sie eine klare Vertragslage!
- Verwenden Sie günstige Vertragsklauseln!
- Beachten Sie die Frühwarn-Anzeichen (siehe Checkliste auf den vorausgegangenen Seiten)!
- Nehmen Sie eine Bonitätsprüfung vor!
- Verlangen Sie gegebenenfalls Sicherheiten und im Zweifelsfall auch eine Anzahlung!
- Stellen Sie zahlungsfördernde Rechnungen!
- Überdenken Sie schließlich grundsätzlich die Möglichkeiten des Abschlusses einer Kreditversicherung bzw. des Factorings!

Gesetzliche Grundlagen

Bürgerliches Gesetzbuch (BGB) – Auszug – 88
Zivilprozessordnung (ZPO) – Auszug – 98
Satzung des Bundesverbandes
Deutscher Inkassounternehmen e. V. – Auszug – 107

Gesetzliche Grundlagen

Bürgerliches Gesetzbuch (BGB)

in der Fassung der Bekanntmachung vom 2. Januar 2002
(BGBl. I S. 42, 2909; 2003 BGBl. I S. 738)[1]

– Auszug –

§ 194 Gegenstand der Verjährung

(1) Das Recht, von einem anderen ein Tun oder Unterlassen zu verlangen (Anspruch), unterliegt der Verjährung.

(2) Ansprüche aus einem familienrechtlichen Verhältnis unterliegen der Verjährung nicht, soweit sie auf die Herstellung des dem Verhältnis entsprechenden Zustands für die Zukunft oder auf die Einwilligung in eine genetische Untersuchung zur Klärung der leiblichen Abstammung gerichtet sind.

§ 195 Regelmäßige Verjährungsfrist

Die regelmäßige Verjährungsfrist beträgt drei Jahre.

§ 196 Verjährungsfrist bei Rechten an einem Grundstück

Ansprüche auf Übertragung des Eigentums an einem Grundstück sowie auf Begründung, Übertragung oder Aufhebung eines Rechts an einem Grundstück oder auf Änderung des Inhalts eines solchen Rechts sowie die Ansprüche auf die Gegenleistung verjähren in zehn Jahren.

§ 197 Dreißigjährige Verjährungsfrist

(1) In 30 Jahren verjähren, soweit nicht ein anderes bestimmt ist,

1. Herausgabeansprüche aus Eigentum, anderen dinglichen Rechten, den §§ 2018, 2130 und 2362 sowie die Ansprüche, die der Geltendmachung der Herausgabeansprüche dienen,

2. (weggefallen)

3. rechtskräftig festgestellte Ansprüche,

4. Ansprüche aus vollstreckbaren Vergleichen oder vollstreckbaren Urkunden,

5. Ansprüche, die durch die im Insolvenzverfahren erfolgte Feststellung vollstreckbar geworden sind, und

6. Ansprüche auf Erstattung der Kosten der Zwangsvollstreckung.

---

[1] Zuletzt geändert durch das Gesetz zur Begrenzung der Haftung von ehrenamtlich tätigen Vereinsvorständen vom 28. September 2009 (BGBl. I S. 3161).

Bürgerliches Gesetzbuch (BGB)

(2) Soweit Ansprüche nach Absatz 1 Nr. 3 bis 5 künftig fällig werdende regelmäßig wiederkehrende Leistungen zum Inhalt haben, tritt an die Stelle der Verjährungsfrist von 30 Jahren die regelmäßige Verjährungsfrist.

§ 198 Verjährung bei Rechtsnachfolge

Gelangt eine Sache, hinsichtlich derer ein dinglicher Anspruch besteht, durch Rechtsnachfolge in den Besitz eines Dritten, so kommt die während des Besitzes des Rechtsvorgängers verstrichene Verjährungszeit dem Rechtsnachfolger zugute.

§ 199 Beginn der regelmäßigen Verjährungsfrist und Verjährungshöchstfristen

(1) Die regelmäßige Verjährungsfrist beginnt, soweit nicht ein anderer Verjährungsbeginn bestimmt ist, mit dem Schluss des Jahres, in dem

1. der Anspruch entstanden ist und
2. der Gläubiger von den den Anspruch begründenden Umständen und der Person des Schuldners Kenntnis erlangt oder ohne grobe Fahrlässigkeit erlangen müsste.

(2) Schadensersatzansprüche, die auf der Verletzung des Lebens, des Körpers, der Gesundheit oder der Freiheit beruhen, verjähren ohne Rücksicht auf ihre Entstehung und die Kenntnis oder grob fahrlässige Unkenntnis in 30 Jahren von der Begehung der Handlung, der Pflichtverletzung oder dem sonstigen, den Schaden auslösenden Ereignis an.

(3) Sonstige Schadensersatzansprüche verjähren

1. ohne Rücksicht auf die Kenntnis oder grob fahrlässige Unkenntnis in zehn Jahren von ihrer Entstehung an und
2. ohne Rücksicht auf ihre Entstehung und die Kenntnis oder grob fahrlässige Unkenntnis in 30 Jahren von der Begehung der Handlung, der Pflichtverletzung oder dem sonstigen, den Schaden auslösenden Ereignis an.

Maßgeblich ist die früher endende Frist.

(3a) Ansprüche, die auf einem Erbfall beruhen oder deren Geltendmachung die Kenntnis einer Verfügung von Todes wegen voraussetzt, verjähren ohne Rücksicht auf die Kenntnis oder grob fahrlässige Unkenntnis in 30 Jahren von der Entstehung des Anspruchs an.

(4) Andere Ansprüche als die nach den Absätzen 2 bis 3a verjähren ohne Rücksicht auf die Kenntnis oder grob fahrlässige Unkenntnis in zehn Jahren von ihrer Entstehung an.

(5) Geht der Anspruch auf ein Unterlassen, so tritt an die Stelle der Entstehung die Zuwiderhandlung.

Gesetzliche Grundlagen

§ 200 Beginn anderer Verjährungsfristen
Die Verjährungsfrist von Ansprüchen, die nicht der regelmäßigen Verjährungsfrist unterliegen, beginnt mit der Entstehung des Anspruchs, soweit nicht ein anderer Verjährungsbeginn bestimmt ist. § 199 Abs. 5 findet entsprechende Anwendung.

§ 201 Beginn der Verjährungsfrist von festgestellten Ansprüchen
Die Verjährung von Ansprüchen der in § 197 Abs. 1 Nr. 3 bis 6 bezeichneten Art beginnt mit der Rechtskraft der Entscheidung, der Errichtung des vollstreckbaren Titels oder der Feststellung im Insolvenzverfahren, nicht jedoch vor der Entstehung des Anspruchs. § 199 Abs. 5 findet entsprechende Anwendung.

§ 202 Unzulässigkeit von Vereinbarungen über die Verjährung
(1) Die Verjährung kann bei Haftung wegen Vorsatzes nicht im Voraus durch Rechtsgeschäft erleichtert werden.

(2) Die Verjährung kann durch Rechtsgeschäft nicht über eine Verjährungsfrist von 30 Jahren ab dem gesetzlichen Verjährungsbeginn hinaus erschwert werden.

§ 203 Hemmung der Verjährung bei Verhandlungen
Schweben zwischen dem Schuldner und dem Gläubiger Verhandlungen über den Anspruch oder die den Anspruch begründenden Umstände, so ist die Verjährung gehemmt, bis der eine oder der andere Teil die Fortsetzung der Verhandlungen verweigert. Die Verjährung tritt frühestens drei Monate nach dem Ende der Hemmung ein.

§ 204 Hemmung der Verjährung durch Rechtsverfolgung
(1) Die Verjährung wird gehemmt durch

1. die Erhebung der Klage auf Leistung oder auf Feststellung des Anspruchs, auf Erteilung der Vollstreckungsklausel oder auf Erlass des Vollstreckungsurteils,

2. die Zustellung des Antrags im vereinfachten Verfahren über den Unterhalt Minderjähriger,

3. die Zustellung des Mahnbescheids im Mahnverfahren oder des Europäischen Zahlungsbefehls im Europäischen Mahnverfahren nach der Verordnung (EG) Nr. 1896/2006 des Europäischen Parlaments und des Rates vom 12. Dezember 2006 zur Einführung eines Europäischen Mahnverfahrens (ABl. EU Nr. L 399 S. 1),

Bürgerliches Gesetzbuch (BGB)

4. die Veranlassung der Bekanntgabe des Güteantrags, der bei einer durch die Landesjustizverwaltung eingerichteten oder anerkannten Gütestelle oder, wenn die Parteien den Einigungsversuch einvernehmlich unternehmen, bei einer sonstigen Gütestelle, die Streitbeilegungen betreibt, eingereicht ist; wird die Bekanntgabe demnächst nach der Einreichung des Antrags veranlasst, so tritt die Hemmung der Verjährung bereits mit der Einreichung ein,

5. die Geltendmachung der Aufrechnung des Anspruchs im Prozess,

6. die Zustellung der Streitverkündung,

7. die Zustellung des Antrags auf Durchführung eines selbständigen Beweisverfahrens,

8. den Beginn eines vereinbarten Begutachtungsverfahrens,

9. die Zustellung des Antrags auf Erlass eines Arrests, einer einstweiligen Verfügung oder einer einstweiligen Anordnung, oder, wenn der Antrag nicht zugestellt wird, dessen Einreichung, wenn der Arrestbefehl, die einstweilige Verfügung oder die einstweilige Anordnung innerhalb eines Monats seit Verkündung oder Zustellung an den Gläubiger dem Schuldner zugestellt wird,

10. die Anmeldung des Anspruchs im Insolvenzverfahren oder im Schifffahrtsrechtlichen Verteilungsverfahren,

11. den Beginn des schiedsrichterlichen Verfahrens,

12. die Einreichung des Antrags bei einer Behörde, wenn die Zulässigkeit der Klage von der Vorentscheidung dieser Behörde abhängt und innerhalb von drei Monaten nach Erledigung des Gesuchs die Klage erhoben wird; dies gilt entsprechend für bei einem Gericht oder bei einer in Nummer 4 bezeichneten Gütestelle zu stellende Anträge, deren Zulässigkeit von der Vorentscheidung einer Behörde abhängt,

13. die Einreichung des Antrags bei dem höheren Gericht, wenn dieses das zuständige Gericht zu bestimmen hat und innerhalb von drei Monaten nach Erledigung des Gesuchs die Klage erhoben oder der Antrag, für den die Gerichtsstandsbestimmung zu erfolgen hat, gestellt wird, und

14. die Veranlassung der Bekanntgabe des erstmaligen Antrags auf Gewährung von Prozesskostenhilfe oder Verfahrenskostenhilfe; wird die Bekanntgabe demnächst nach der Einreichung des Antrags veranlasst, so tritt die Hemmung der Verjährung bereits mit der Einreichung ein.

Gesetzliche Grundlagen

(2) Die Hemmung nach Absatz 1 endet sechs Monate nach der rechtskräftigen Entscheidung oder anderweitigen Beendigung des eingeleiteten Verfahrens. Gerät das Verfahren dadurch in Stillstand, dass die Parteien es nicht betreiben, so tritt an die Stelle der Beendigung des Verfahrens die letzte Verfahrenshandlung der Parteien, des Gerichts oder der sonst mit dem Verfahren befassten Stelle. Die Hemmung beginnt erneut, wenn eine der Parteien das Verfahren weiter betreibt.

(3) Auf die Frist nach Absatz 1 Nr. 9, 12 und 13 finden die §§ 206, 210 und 211 entsprechende Anwendung.

§ 205 Hemmung der Verjährung bei Leistungsverweigerungsrecht

Die Verjährung ist gehemmt, solange der Schuldner auf Grund einer Vereinbarung mit dem Gläubiger vorübergehend zur Verweigerung der Leistung berechtigt ist.

§ 206 Hemmung der Verjährung bei höherer Gewalt

Die Verjährung ist gehemmt, solange der Gläubiger innerhalb der letzten sechs Monate der Verjährungsfrist durch höhere Gewalt an der Rechtsverfolgung gehindert ist.

§ 207 Hemmung der Verjährung aus familiären und ähnlichen Gründen

(1) Die Verjährung von Ansprüchen zwischen Ehegatten ist gehemmt, solange die Ehe besteht. Das Gleiche gilt für Ansprüche zwischen

1. Lebenspartnern, solange die Lebenspartnerschaft besteht,
2. dem Kind und
   a) seinen Eltern oder
   b) dem Ehegatten oder Lebenspartner eines Elternteils bis zur Vollendung des 21. Lebensjahres des Kindes,
3. dem Vormund und dem Mündel während der Dauer des Vormundschaftsverhältnisses,
4. dem Betreuten und dem Betreuer während der Dauer des Betreuungsverhältnisses und
5. dem Pflegling und dem Pfleger während der Dauer der Pflegschaft.

Die Verjährung von Ansprüchen des Kindes gegen den Beistand ist während der Dauer der Beistandschaft gehemmt.

(2) § 208 bleibt unberührt.

Bürgerliches Gesetzbuch (BGB)

§ 208 Hemmung der Verjährung bei Ansprüchen wegen Verletzung der sexuellen Selbstbestimmung

Die Verjährung von Ansprüchen wegen Verletzung der sexuellen Selbstbestimmung ist bis zur Vollendung des 21. Lebensjahrs des Gläubigers gehemmt. Lebt der Gläubiger von Ansprüchen wegen Verletzung der sexuellen Selbstbestimmung bei Beginn der Verjährung mit dem Schuldner in häuslicher Gemeinschaft, so ist die Verjährung auch bis zur Beendigung der häuslichen Gemeinschaft gehemmt.

§ 209 Wirkung der Hemmung

Der Zeitraum, während dessen die Verjährung gehemmt ist, wird in die Verjährungsfrist nicht eingerechnet.

§ 210 Ablaufhemmung bei nicht voll Geschäftsfähigen

(1) Ist eine geschäftsunfähige oder in der Geschäftsfähigkeit beschränkte Person ohne gesetzlichen Vertreter, so tritt eine für oder gegen sie laufende Verjährung nicht vor dem Ablauf von sechs Monaten nach dem Zeitpunkt ein, in dem die Person unbeschränkt geschäftsfähig oder der Mangel der Vertretung behoben wird. Ist die Verjährungsfrist kürzer als sechs Monate, so tritt der für die Verjährung bestimmte Zeitraum an die Stelle der sechs Monate.

(2) Absatz 1 findet keine Anwendung, soweit eine in der Geschäftsfähigkeit beschränkte Person prozessfähig ist.

§ 211 Ablaufhemmung in Nachlassfällen

Die Verjährung eines Anspruchs, der zu einem Nachlass gehört oder sich gegen einen Nachlass richtet, tritt nicht vor dem Ablauf von sechs Monaten nach dem Zeitpunkt ein, in dem die Erbschaft von dem Erben angenommen oder das Insolvenzverfahren über den Nachlass eröffnet wird oder von dem an der Anspruch von einem oder gegen einen Vertreter geltend gemacht werden kann. Ist die Verjährungsfrist kürzer als sechs Monate, so tritt der für die Verjährung bestimmte Zeitraum an die Stelle der sechs Monate.

§ 212 Neubeginn der Verjährung

(1) Die Verjährung beginnt erneut, wenn

1. der Schuldner dem Gläubiger gegenüber den Anspruch durch Abschlagszahlung, Zinszahlung, Sicherheitsleistung oder in anderer Weise anerkennt oder

2. eine gerichtliche oder behördliche Vollstreckungshandlung vorgenommen oder beantragt wird.

(2) Der erneute Beginn der Verjährung infolge einer Vollstreckungshandlung gilt als nicht eingetreten, wenn die Vollstreckungshandlung auf Antrag des Gläubigers oder wegen Mangels der gesetzlichen Voraussetzungen aufgehoben wird.

(3) Der erneute Beginn der Verjährung durch den Antrag auf Vornahme einer Vollstreckungshandlung gilt als nicht eingetreten, wenn dem Antrag nicht stattgegeben oder der Antrag vor der Vollstreckungshandlung zurückgenommen oder die erwirkte Vollstreckungshandlung nach Absatz 2 aufgehoben wird.

§ 213 Hemmung, Ablaufhemmung und erneuter Beginn der Verjährung bei anderen Ansprüchen

Die Hemmung, die Ablaufhemmung und der erneute Beginn der Verjährung gelten auch für Ansprüche, die aus demselben Grunde wahlweise neben dem Anspruch oder an seiner Stelle gegeben sind.

§ 214 Wirkung der Verjährung

(1) Nach Eintritt der Verjährung ist der Schuldner berechtigt, die Leistung zu verweigern.

(2) Das zur Befriedigung eines verjährten Anspruchs Geleistete kann nicht zurückgefordert werden, auch wenn in Unkenntnis der Verjährung geleistet worden ist. Das Gleiche gilt von einem vertragsmäßigen Anerkenntnis sowie einer Sicherheitsleistung des Schuldners.

§ 269 Leistungsort

(1) Ist ein Ort für die Leistung weder bestimmt noch aus den Umständen, insbesondere aus der Natur des Schuldverhältnisses, zu entnehmen, so hat die Leistung an dem Ort zu erfolgen, an welchem der Schuldner zur Zeit der Entstehung des Schuldverhältnisses seinen Wohnsitz hatte.

(2) Ist die Verbindlichkeit im Gewerbebetrieb des Schuldners entstanden, so tritt, wenn der Schuldner seine gewerbliche Niederlassung an einem anderen Ort hatte, der Ort der Niederlassung an die Stelle des Wohnsitzes.

(3) Aus dem Umstand allein, dass der Schuldner die Kosten der Versendung übernommen hat, ist nicht zu entnehmen, dass der Ort, nach welchem die Versendung zu erfolgen hat, der Leistungsort sein soll.

Bürgerliches Gesetzbuch (BGB)

§ 270 Zahlungsort

(1) Geld hat der Schuldner im Zweifel auf seine Gefahr und seine Kosten dem Gläubiger an dessen Wohnsitz zu übermitteln.

(2) Ist die Forderung im Gewerbebetrieb des Gläubigers entstanden, so tritt, wenn der Gläubiger seine gewerbliche Niederlassung an einem anderen Ort hat, der Ort der Niederlassung an die Stelle des Wohnsitzes.

(3) Erhöhen sich infolge einer nach der Entstehung des Schuldverhältnisses eintretenden Änderung des Wohnsitzes oder der gewerblichen Niederlassung des Gläubigers die Kosten oder die Gefahr der Übermittlung, so hat der Gläubiger im ersteren Falle die Mehrkosten, im letzteren Falle die Gefahr zu tragen.

(4) Die Vorschriften über den Leistungsort bleiben unberührt.

§ 271 Leistungszeit

(1) Ist eine Zeit für die Leistung weder bestimmt noch aus den Umständen zu entnehmen, so kann der Gläubiger die Leistung sofort verlangen, der Schuldner sie sofort bewirken.

(2) Ist eine Zeit bestimmt, so ist im Zweifel anzunehmen, dass der Gläubiger die Leistung nicht vor dieser Zeit verlangen, der Schuldner aber sie vorher bewirken kann.

§ 280 Schadensersatz wegen Pflichtverletzung

(1) Verletzt der Schuldner eine Pflicht aus dem Schuldverhältnis, so kann der Gläubiger Ersatz des hierdurch entstehenden Schadens verlangen. Dies gilt nicht, wenn der Schuldner die Pflichtverletzung nicht zu vertreten hat.

(2) Schadensersatz wegen Verzögerung der Leistung kann der Gläubiger nur unter der zusätzlichen Voraussetzung des § 286 verlangen.

(3) Schadensersatz statt der Leistung kann der Gläubiger nur unter den zusätzlichen Voraussetzungen des § 281, des § 282 oder des § 283 verlangen.

§ 281 Schadensersatz statt der Leistung wegen nicht oder nicht wie geschuldet erbrachter Leistung

(1) Soweit der Schuldner die fällige Leistung nicht oder nicht wie geschuldet erbringt, kann der Gläubiger unter den Voraussetzungen des § 280 Abs. 1 Schadensersatz statt der Leistung verlangen, wenn er dem Schuldner erfolglos eine angemessene Frist zur Leistung oder Nacherfül-

Gesetzliche Grundlagen

lung bestimmt hat. Hat der Schuldner eine Teilleistung bewirkt, so kann der Gläubiger Schadensersatz statt der ganzen Leistung nur verlangen, wenn er an der Teilleistung kein Interesse hat. Hat der Schuldner die Leistung nicht wie geschuldet bewirkt, so kann der Gläubiger Schadensersatz statt der ganzen Leistung nicht verlangen, wenn die Pflichtverletzung unerheblich ist.

(2) Die Fristsetzung ist entbehrlich, wenn der Schuldner die Leistung ernsthaft und endgültig verweigert oder wenn besondere Umstände vorliegen, die unter Abwägung der beiderseitigen Interessen die sofortige Geltendmachung des Schadensersatzanspruchs rechtfertigen.

(3) Kommt nach der Art der Pflichtverletzung eine Fristsetzung nicht in Betracht, so tritt an deren Stelle eine Abmahnung.

(4) Der Anspruch auf die Leistung ist ausgeschlossen, sobald der Gläubiger statt der Leistung Schadensersatz verlangt hat.

(5) Verlangt der Gläubiger Schadensersatz statt der ganzen Leistung, so ist der Schuldner zur Rückforderung des Geleisteten nach den §§ 346 bis 348 berechtigt.

§ 282 Schadensersatz statt der Leistung wegen Verletzung einer Pflicht nach § 241 Abs. 2

Verletzt der Schuldner eine Pflicht nach § 241 Abs. 2, kann der Gläubiger unter den Voraussetzungen des § 280 Abs. 1 Schadensersatz statt der Leistung verlangen, wenn ihm die Leistung durch den Schuldner nicht mehr zuzumuten ist.

§ 283 Schadensersatz statt der Leistung bei Ausschluss der Leistungspflicht

Braucht der Schuldner nach § 275 Abs. 1 bis 3 nicht zu leisten, kann der Gläubiger unter den Voraussetzungen des § 280 Abs. 1 Schadensersatz statt der Leistung verlangen. § 281 Abs. 1 Satz 2 und 3 und Abs. 5 findet entsprechende Anwendung.

§ 284 Ersatz vergeblicher Aufwendungen

Anstelle des Schadensersatzes statt der Leistung kann der Gläubiger Ersatz der Aufwendungen verlangen, die er im Vertrauen auf den Erhalt der Leistung gemacht hat und billigerweise machen durfte, es sei denn, deren Zweck wäre auch ohne die Pflichtverletzung des Schuldners nicht erreicht worden.

Bürgerliches Gesetzbuch (BGB)

§ 285 Herausgabe des Ersatzes

(1) Erlangt der Schuldner infolge des Umstands, auf Grund dessen er die Leistung nach § 275 Abs. 1 bis 3 nicht zu erbringen braucht, für den geschuldeten Gegenstand einen Ersatz oder einen Ersatzanspruch, so kann der Gläubiger Herausgabe des als Ersatz Empfangenen oder Abtretung des Ersatzanspruchs verlangen.

(2) Kann der Gläubiger statt der Leistung Schadensersatz verlangen, so mindert sich dieser, wenn er von dem in Absatz 1 bestimmten Recht Gebrauch macht, um den Wert des erlangten Ersatzes oder Ersatzanspruchs.

§ 286 Verzug des Schuldners*⁾

(1) Leistet der Schuldner auf eine Mahnung des Gläubigers nicht, die nach dem Eintritt der Fälligkeit erfolgt, so kommt er durch die Mahnung in Verzug. Der Mahnung stehen die Erhebung der Klage auf die Leistung sowie die Zustellung eines Mahnbescheids im Mahnverfahren gleich.

(2) Der Mahnung bedarf es nicht, wenn

1. für die Leistung eine Zeit nach dem Kalender bestimmt ist,
2. der Leistung ein Ereignis vorauszugehen hat und eine angemessene Zeit für die Leistung in der Weise bestimmt ist, dass sie sich von dem Ereignis an nach dem Kalender berechnen lässt,
3. der Schuldner die Leistung ernsthaft und endgültig verweigert,
4. aus besonderen Gründen unter Abwägung der beiderseitigen Interessen der sofortige Eintritt des Verzugs gerechtfertigt ist.

(3) Der Schuldner einer Entgeltforderung kommt spätestens in Verzug, wenn er nicht innerhalb von 30 Tagen nach Fälligkeit und Zugang einer Rechnung oder gleichwertigen Zahlungsaufstellung leistet; dies gilt gegenüber einem Schuldner, der Verbraucher ist, nur, wenn auf diese Folgen in der Rechnung oder Zahlungsaufstellung besonders hingewiesen worden ist. Wenn der Zeitpunkt des Zugangs der Rechnung oder Zahlungsaufstellung unsicher ist, kommt der Schuldner, der nicht Verbraucher ist, spätestens 30 Tage nach Fälligkeit und Empfang der Gegenleistung in Verzug.

(4) Der Schuldner kommt nicht in Verzug, solange die Leistung infolge eines Umstands unterbleibt, den er nicht zu vertreten hat.

---

*⁾ **Amtlicher Hinweis zu § 286:** Diese Vorschrift dient zum Teil auch der Umsetzung der Richtlinie 2000/35/EG des Europäischen Parlaments und des Rates vom 29. Juni 2000 zur Bekämpfung von Zahlungsverzug im Geschäftsverkehr (ABl. EG Nr. L 200 S. 35).

Gesetzliche Grundlagen

§ 287 Verantwortlichkeit während des Verzugs

Der Schuldner hat während des Verzugs jede Fahrlässigkeit zu vertreten. Er haftet wegen der Leistung auch für Zufall, es sei denn, dass der Schaden auch bei rechtzeitiger Leistung eingetreten sein würde.

§ 288 Verzugszinsen*⁾

(1) Eine Geldschuld ist während des Verzugs zu verzinsen. Der Verzugszins beträgt für das Jahr fünf Prozentpunkte über dem Basiszinssatz.

(2) Bei Rechtsgeschäften, an denen ein Verbraucher nicht beteiligt ist, beträgt der Zinssatz für Entgeltforderungen acht Prozentpunkte über dem Basiszinssatz.

(3) Der Gläubiger kann aus einem anderen Rechtsgrund höhere Zinsen verlangen.

(4) Die Geltendmachung eines weiteren Schadens ist nicht ausgeschlossen.

---

*⁾ **Amtlicher Hinweis zu § 288:** Diese Vorschrift dient zum Teil auch der Umsetzung der Richtlinie 2000/35/EG des Europäischen Parlaments und des Rates vom 29. Juni 2000 zur Bekämpfung von Zahlungsverzug im Geschäftsverkehr (ABl. EG Nr. L 200 S. 35).

Zivilprozessordnung

in der Fassung der Bekanntmachung vom 5. Dezember 2005 (BGBl. I S. 3202; 2006 BGBl. I S. 431; 2007 BGBl. I S. 1781)[1]

– Auszug –

§ 688 Zulässigkeit

(1) Wegen eines Anspruchs, der die Zahlung einer bestimmten Geldsumme in Euro zum Gegenstand hat, ist auf Antrag des Antragstellers ein Mahnbescheid zu erlassen.

(2) Das Mahnverfahren findet nicht statt:

1. für Ansprüche eines Unternehmers aus einem Vertrag gemäß den §§ 491 bis 509 des Bürgerlichen Gesetzbuchs, wenn der gemäß § 492 Abs. 2 des Bürgerlichen Gesetzbuchs anzugebende effektive Jahres-

---

[1] Zuletzt geändert durch das Gesetz zur Erleichterung elektronischer Anmeldungen zum Vereinsregister und anderer vereinsrechtlicher Änderungen vom 24. September 2009 (BGBl. I S. 3145).

Zivilprozessordnung

zins den bei Vertragsschluss geltenden Basiszinssatz nach § 247 des Bürgerlichen Gesetzbuchs um mehr als zwölf Prozentpunkte übersteigt;

2. wenn die Geltendmachung des Anspruchs von einer noch nicht erbrachten Gegenleistung abhängig ist;

3. wenn die Zustellung des Mahnbescheids durch öffentliche Bekanntmachung erfolgen müsste.

(3) Müsste der Mahnbescheid im Ausland zugestellt werden, findet das Mahnverfahren nur statt, soweit das Anerkennungs- und Vollstreckungsausführungsgesetz vom 19. Februar 2001 (BGBl. I S. 288) dies vorsieht.

(4) Die Vorschriften der Verordnung (EG) Nr. 1896/2006 des Europäischen Parlaments und des Rates vom 12. Dezember 2006 zur Einführung eines Europäischen Mahnverfahrens (ABl. EU Nr. L 399 S. 1) bleiben unberührt. Für die Durchführung gelten die §§ 1087 bis 1096.

§ 689 Zuständigkeit; maschinelle Bearbeitung

(1) Das Mahnverfahren wird von den Amtsgerichten durchgeführt. Eine maschinelle Bearbeitung ist zulässig. Bei dieser Bearbeitung sollen Eingänge spätestens an dem Arbeitstag erledigt sein, der dem Tag des Eingangs folgt.

(2) Ausschließlich zuständig ist das Amtsgericht, bei dem der Antragsteller seinen allgemeinen Gerichtsstand hat. Hat der Antragsteller im Inland keinen allgemeinen Gerichtsstand, so ist das Amtsgericht Wedding in Berlin ausschließlich zuständig. Sätze 1 und 2 gelten auch, soweit in anderen Vorschriften eine andere ausschließliche Zuständigkeit bestimmt ist.

(3) Die Landesregierungen werden ermächtigt, durch Rechtsverordnung Mahnverfahren einem Amtsgericht für die Bezirke mehrerer Amtsgerichte zuzuweisen, wenn dies ihrer schnelleren und rationelleren Erledigung dient. Die Zuweisung kann auf Mahnverfahren beschränkt werden, die maschinell bearbeitet werden. Die Landesregierungen können die Ermächtigung durch Rechtsverordnung auf die Landesjustizverwaltungen übertragen. Mehrere Länder können die Zuständigkeit eines Amtsgerichts über die Landesgrenzen hinaus vereinbaren.

Gesetzliche Grundlagen

§ 690 Mahnantrag

(1) Der Antrag muss auf den Erlass eines Mahnbescheids gerichtet sein und enthalten:

1. die Bezeichnung der Parteien, ihrer gesetzlichen Vertreter und der Prozessbevollmächtigten;
2. die Bezeichnung des Gerichts, bei dem der Antrag gestellt wird;
3. die Bezeichnung des Anspruchs unter bestimmter Angabe der verlangten Leistung; Haupt- und Nebenforderungen sind gesondert und einzeln zu bezeichnen, Ansprüche aus Verträgen gemäß den §§ 491 bis 509 des Bürgerlichen Gesetzbuchs, auch unter Angabe des Datums des Vertragsabschlusses und des gemäß § 492 Abs. 2 des Bürgerlichen Gesetzbuchs anzugebenden effektiven Jahreszinses;
4. die Erklärung, dass der Anspruch nicht von einer Gegenleistung abhängt oder dass die Gegenleistung erbracht ist;
5. die Bezeichnung des Gerichts, das für ein streitiges Verfahren zuständig ist.

(2) Der Antrag bedarf der handschriftlichen Unterzeichnung.

(3) Der Antrag kann in einer nur maschinell lesbaren Form übermittelt werden, wenn diese dem Gericht für seine maschinelle Bearbeitung geeignet erscheint. Wird der Antrag von einem Rechtsanwalt oder einer registrierten Person nach § 10 Abs. 1 Satz 1 Nr. 1 des Rechtsdienstleistungsgesetzes gestellt, ist nur diese Form der Antragstellung zulässig. Der handschriftlichen Unterzeichnung bedarf es nicht, wenn in anderer Weise gewährleistet ist, dass der Antrag nicht ohne den Willen des Antragstellers übermittelt wird.

§ 691 Zurückweisung des Mahnantrags

(1) Der Antrag wird zurückgewiesen:

1. wenn er den Vorschriften der §§ 688, 689, 690, 703c Abs. 2 nicht entspricht;
2. wenn der Mahnbescheid nur wegen eines Teiles des Anspruchs nicht erlassen werden kann.

Vor der Zurückweisung ist der Antragsteller zu hören.

(2) Sollte durch die Zustellung des Mahnbescheids eine Frist gewahrt werden oder die Verjährung neu beginnen oder nach § 204 des Bürgerlichen Gesetzbuchs gehemmt werden, so tritt die Wirkung mit der Einreichung oder Anbringung des Antrags auf Erlass des Mahnbescheids ein, wenn innerhalb eines Monats seit der Zustellung der Zurückweisung des Antrags Klage eingereicht und diese demnächst zugestellt wird.

Zivilprozessordnung

(3) Gegen die Zurückweisung findet die sofortige Beschwerde statt, wenn der Antrag in einer nur maschinell lesbaren Form übermittelt und mit der Begründung zurückgewiesen worden ist, dass diese Form dem Gericht für seine maschinelle Bearbeitung nicht geeignet erscheine. Im Übrigen sind Entscheidungen nach Absatz 1 unanfechtbar.

§ 692   Mahnbescheid

(1) Der Mahnbescheid enthält:

1. die in § 690 Abs. 1 Nr. 1 bis 5 bezeichneten Erfordernisse des Antrags;

2. den Hinweis, dass das Gericht nicht geprüft hat, ob dem Antragsteller der geltend gemachte Anspruch zusteht;

3. die Aufforderung, innerhalb von zwei Wochen seit der Zustellung des Mahnbescheids, soweit der geltend gemachte Anspruch als begründet angesehen wird, die behauptete Schuld nebst den geforderten Zinsen und der dem Betrag nach bezeichneten Kosten zu begleichen oder dem Gericht mitzuteilen, ob und in welchem Umfang dem geltend gemachten Anspruch widersprochen wird;

4. den Hinweis, dass ein dem Mahnbescheid entsprechender Vollstreckungsbescheid ergehen kann, aus dem der Antragsteller die Zwangsvollstreckung betreiben kann, falls der Antragsgegner nicht bis zum Fristablauf Widerspruch erhoben hat;

5. für den Fall, dass Formulare eingeführt sind, den Hinweis, dass der Widerspruch mit einem Formular der beigefügten Art erhoben werden soll, der auch bei jedem Amtsgericht erhältlich ist und ausgefüllt werden kann;

6. für den Fall des Widerspruchs die Ankündigung, an welches Gericht die Sache abgegeben wird, mit dem Hinweis, dass diesem Gericht die Prüfung seiner Zuständigkeit vorbehalten bleibt.

(2) An Stelle einer handschriftlichen Unterzeichnung genügt ein entsprechender Stempelabdruck oder eine elektronische Signatur.

§ 693   Zustellung des Mahnbescheids

(1) Der Mahnbescheid wird dem Antragsgegner zugestellt.

(2) Die Geschäftsstelle setzt den Antragsteller von der Zustellung des Mahnbescheids in Kenntnis.

Gesetzliche Grundlagen

§ 694 Widerspruch gegen den Mahnbescheid

(1) Der Antragsgegner kann gegen den Anspruch oder einen Teil des Anspruchs bei dem Gericht, das den Mahnbescheid erlassen hat, schriftlich Widerspruch erheben, solange der Vollstreckungsbescheid nicht verfügt ist.

(2) Ein verspäteter Widerspruch wird als Einspruch behandelt. Dies ist dem Antragsgegner, der den Widerspruch erhoben hat, mitzuteilen.

§ 695 Mitteilung des Widerspruchs; Abschriften

Das Gericht hat den Antragsteller von dem Widerspruch und dem Zeitpunkt seiner Erhebung in Kenntnis zu setzen. Wird das Mahnverfahren nicht maschinell bearbeitet, so soll der Antragsgegner die erforderliche Zahl von Abschriften mit dem Widerspruch einreichen.

§ 696 Verfahren nach Widerspruch

(1) Wird rechtzeitig Widerspruch erhoben und beantragt eine Partei die Durchführung des streitigen Verfahrens, so gibt das Gericht, das den Mahnbescheid erlassen hat, den Rechtsstreit von Amts wegen an das Gericht ab, das in dem Mahnbescheid gemäß § 692 Abs. 1 Nr. 1 bezeichnet worden ist, wenn die Parteien übereinstimmend die Abgabe an ein anderes Gericht verlangen, an dieses. Der Antrag kann in den Antrag auf Erlass des Mahnbescheids aufgenommen werden. Die Abgabe ist den Parteien mitzuteilen; sie ist nicht anfechtbar. Mit Eingang der Akten bei dem Gericht, an das er abgegeben wird, gilt der Rechtsstreit als dort anhängig. § 281 Abs. 3 Satz 1 gilt entsprechend.

(2) Ist das Mahnverfahren maschinell bearbeitet worden, so tritt, sofern die Akte nicht elektronisch übermittelt wird, an die Stelle der Akten ein maschinell erstellter Aktenausdruck. Für diesen gelten die Vorschriften über die Beweiskraft öffentlicher Urkunden entsprechend. § 298 findet keine Anwendung.

(3) Die Streitsache gilt als mit Zustellung des Mahnbescheids rechtshängig geworden, wenn sie alsbald nach der Erhebung des Widerspruchs abgegeben wird.

(4) Der Antrag auf Durchführung des streitigen Verfahrens kann bis zum Beginn der mündlichen Verhandlung des Antragsgegners zur Hauptsache zurückgenommen werden. Die Zurücknahme kann vor der Geschäftsstelle zu Protokoll erklärt werden. Mit der Zurücknahme ist die Streitsache als nicht rechtshängig geworden anzusehen.

(5) Das Gericht, an das der Rechtsstreit abgegeben ist, ist hierdurch in seiner Zuständigkeit nicht gebunden.

§ 697 Einleitung des Streitverfahrens

(1) Die Geschäftsstelle des Gerichts, an das die Streitsache abgegeben wird, hat dem Antragsteller unverzüglich aufzugeben, seinen Anspruch binnen zwei Wochen in einer der Klageschrift entsprechenden Form zu begründen. § 270 Satz 2 gilt entsprechend.

(2) Bei Eingang der Anspruchsbegründung ist wie nach Eingang einer Klage weiter zu verfahren. Zur schriftlichen Klageerwiderung im Vorverfahren nach § 276 kann auch eine mit der Zustellung der Anspruchsbegründung beginnende Frist gesetzt werden.

(3) Geht die Anspruchsbegründung nicht rechtzeitig ein, so wird bis zu ihrem Eingang Termin zur mündlichen Verhandlung nur auf Antrag des Antragsgegners bestimmt. Mit der Terminsbestimmung setzt der Vorsitzende dem Antragsteller eine Frist zur Begründung des Anspruchs; § 296 Abs. 1, 4 gilt entsprechend.

(4) Der Antragsgegner kann den Widerspruch bis zum Beginn seiner mündlichen Verhandlung zur Hauptsache zurücknehmen, jedoch nicht nach Erlass eines Versäumnisurteils gegen ihn. Die Zurücknahme kann zu Protokoll der Geschäftsstelle erklärt werden.

(5) Zur Herstellung eines Urteils in abgekürzter Form nach § 313b Abs. 2, § 317 Abs. 6 kann der Mahnbescheid an Stelle der Klageschrift benutzt werden. Ist das Mahnverfahren maschinell bearbeitet worden, so tritt an die Stelle der Klageschrift der maschinell erstellte Aktenausdruck.

§ 698 Abgabe des Verfahrens am selben Gericht

Die Vorschriften über die Abgabe des Verfahrens gelten sinngemäß, wenn Mahnverfahren und streitiges Verfahren bei demselben Gericht durchgeführt werden.

§ 699 Vollstreckungsbescheid

(1) Auf der Grundlage des Mahnbescheids erlässt das Gericht auf Antrag einen Vollstreckungsbescheid, wenn der Antragsgegner nicht rechtzeitig Widerspruch erhoben hat. Der Antrag kann nicht vor Ablauf der Widerspruchsfrist gestellt werden; er hat die Erklärung zu enthalten, ob und welche Zahlungen auf den Mahnbescheid geleistet worden sind; § 690 Abs. 3 Satz 1 und 3 gilt entsprechend. Ist der Rechtsstreit bereits an ein anderes Gericht abgegeben, so erlässt dieses den Vollstreckungsbescheid.

(2) Soweit das Mahnverfahren nicht maschinell bearbeitet wird, kann der Vollstreckungsbescheid auf den Mahnbescheid gesetzt werden.

Gesetzliche Grundlagen

(3) In den Vollstreckungsbescheid sind die bisher entstandenen Kosten des Verfahrens aufzunehmen. Der Antragsteller braucht die Kosten nur zu berechnen, wenn das Mahnverfahren nicht maschinell bearbeitet wird; im Übrigen genügen die zur maschinellen Berechnung erforderlichen Angaben.

(4) Der Vollstreckungsbescheid wird dem Antragsgegner von Amts wegen zugestellt, wenn nicht der Antragsteller die Übermittlung an sich zur Zustellung im Parteibetrieb beantragt hat. In diesen Fällen wird der Vollstreckungsbescheid dem Antragsteller zur Zustellung übermittelt; die Geschäftsstelle des Gerichts vermittelt diese Zustellung nicht. Bewilligt das mit dem Mahnverfahren befasste Gericht die öffentliche Zustellung, so wird die Benachrichtigung nach § 186 Abs. 2 Satz 2 und 3 an die Gerichtstafel des Gerichts angeheftet oder in das Informationssystem des Gerichts eingestellt, das in dem Mahnbescheid gemäß § 692 Abs. 1 Nr. 1 bezeichnet worden ist.

§ 700 Einspruch gegen den Vollstreckungsbescheid

(1) Der Vollstreckungsbescheid steht einem für vorläufig vollstreckbar erklärten Versäumnisurteil gleich.

(2) Die Streitsache gilt als mit der Zustellung des Mahnbescheids rechtshängig geworden.

(3) Wird Einspruch eingelegt, so gibt das Gericht, das den Vollstreckungsbescheid erlassen hat, den Rechtsstreit von Amts wegen an das Gericht ab, das in dem Mahnbescheid gemäß § 692 Abs. 1 Nr. 1 bezeichnet worden ist, wenn die Parteien übereinstimmend die Abgabe an ein anderes Gericht verlangen, an dieses. § 696 Abs. 1 Satz 3 bis 5, Abs. 2, 5, § 697 Abs. 1, 4, § 698 gelten entsprechend. § 340 Abs. 3 ist nicht anzuwenden.

(4) Bei Eingang der Anspruchsbegründung ist wie nach Eingang einer Klage weiter zu verfahren, wenn der Einspruch nicht als unzulässig verworfen wird. § 276 Abs. 1 Satz 1, 3, Abs. 2 ist nicht anzuwenden.

(5) Geht die Anspruchsbegründung innerhalb der von der Geschäftsstelle gesetzten Frist nicht ein und wird der Einspruch auch nicht als unzulässig verworfen, bestimmt der Vorsitzende unverzüglich Termin; § 697 Abs. 3 Satz 2 gilt entsprechend.

(6) Der Einspruch darf nach § 345 nur verworfen werden, soweit die Voraussetzungen des § 331 Abs. 1, 2 erster Halbsatz für ein Versäumnisurteil vorliegen; soweit die Voraussetzungen nicht vorliegen, wird der Vollstreckungsbescheid aufgehoben.

Zivilprozessordnung

§ 701 Wegfall der Wirkung des Mahnbescheids

Ist Widerspruch nicht erhoben und beantragt der Antragsteller den Erlass des Vollstreckungsbescheids nicht binnen einer sechsmonatigen Frist, die mit der Zustellung des Mahnbescheids beginnt, so fällt die Wirkung des Mahnbescheids weg. Dasselbe gilt, wenn der Vollstreckungsbescheid rechtzeitig beantragt ist, der Antrag aber zurückgewiesen wird.

§ 702 Form von Anträgen und Erklärungen

(1) Im Mahnverfahren können die Anträge und Erklärungen vor dem Urkundsbeamten der Geschäftsstelle abgegeben werden. Soweit Formulare eingeführt sind, werden diese ausgefüllt; der Urkundsbeamte vermerkt unter Angabe des Gerichts und des Datums, dass er den Antrag oder die Erklärung aufgenommen hat. Auch soweit Formulare nicht eingeführt sind, ist für den Antrag auf Erlass eines Mahnbescheids oder eines Vollstreckungsbescheids bei dem für das Mahnverfahren zuständigen Gericht die Aufnahme eines Protokolls nicht erforderlich.

(2) Der Antrag auf Erlass eines Mahnbescheids oder eines Vollstreckungsbescheids wird dem Antragsgegner nicht mitgeteilt.

§ 703 Kein Nachweis der Vollmacht

Im Mahnverfahren bedarf es des Nachweises einer Vollmacht nicht. Wer als Bevollmächtigter einen Antrag einreicht oder einen Rechtsbehelf einlegt, hat seine ordnungsgemäße Bevollmächtigung zu versichern.

§ 703a Urkunden-, Wechsel- und Scheckmahnverfahren

(1) Ist der Antrag des Antragstellers auf den Erlass eines Urkunden-, Wechsel- oder Scheckmahnbescheids gerichtet, so wird der Mahnbescheid als Urkunden-, Wechsel- oder Scheckmahnbescheid bezeichnet.

(2) Für das Urkunden-, Wechsel- und Scheckmahnverfahren gelten folgende besondere Vorschriften:

1. die Bezeichnung als Urkunden-, Wechsel- oder Scheckmahnbescheid hat die Wirkung, dass die Streitsache, wenn rechtzeitig Widerspruch erhoben wird, im Urkunden-, Wechsel- oder Scheckprozess anhängig wird;

2. die Urkunden sollen in dem Antrag auf Erlass des Mahnbescheids und in dem Mahnbescheid bezeichnet werden; ist die Sache an das Streitgericht abzugeben, so müssen die Urkunden in Urschrift oder in Abschrift der Anspruchsbegründung beigefügt werden;

Gesetzliche Grundlagen

3. im Mahnverfahren ist nicht zu prüfen, ob die gewählte Prozessart statthaft ist;

4. beschränkt sich der Widerspruch auf den Antrag, dem Beklagten die Ausführung seiner Rechte vorzubehalten, so ist der Vollstreckungsbescheid unter diesem Vorbehalt zu erlassen. Auf das weitere Verfahren ist die Vorschrift des § 600 entsprechend anzuwenden.

§ 703b Sonderregelungen für maschinelle Bearbeitung

(1) Bei maschineller Bearbeitung werden Beschlüsse, Verfügungen und Ausfertigungen mit dem Gerichtssiegel versehen; einer Unterschrift bedarf es nicht.

(2) Der Bundesminister der Justiz wird ermächtigt, durch Rechtsverordnung mit Zustimmung des Bundesrates den Verfahrensablauf zu regeln, soweit dies für eine einheitliche maschinelle Bearbeitung der Mahnverfahren erforderlich ist (Verfahrensablaufplan).

§ 703c Formulare; Einführung der maschinellen Bearbeitung

(1) Der Bundesminister der Justiz wird ermächtigt, durch Rechtsverordnung mit Zustimmung des Bundesrates zur Vereinfachung des Mahnverfahrens und zum Schutze der in Anspruch genommenen Partei Formulare einzuführen. Für

1. Mahnverfahren bei Gerichten, die die Verfahren maschinell bearbeiten,

2. Mahnverfahren bei Gerichten, die die Verfahren nicht maschinell bearbeiten,

3. Mahnverfahren, in denen der Mahnbescheid im Ausland zuzustellen ist,

4. Mahnverfahren, in denen der Mahnbescheid nach Artikel 32 des Zusatzabkommens zum NATO-Truppenstatut vom 3. August 1959 (Bundesgesetzbl. 1961 II S. 1183, 1218) zuzustellen ist,

können unterschiedliche Formulare eingeführt werden.

(2) Soweit nach Absatz 1 Formulare für Anträge und Erklärungen der Parteien eingeführt sind, müssen sich die Parteien ihrer bedienen.

(3) Die Landesregierungen bestimmen durch Rechtsverordnung den Zeitpunkt, in dem bei einem Amtsgericht die maschinelle Bearbeitung der Mahnverfahren eingeführt wird; sie können die Ermächtigung durch Rechtsverordnung auf die Landesjustizverwaltungen übertragen.

§ 703d Antragsgegner ohne allgemeinen inländischen Gerichtsstand

(1) Hat der Antragsgegner keinen allgemeinen Gerichtsstand im Inland, so gelten die nachfolgenden besonderen Vorschriften.

(2) Zuständig für das Mahnverfahren ist das Amtsgericht, das für das streitige Verfahren zuständig sein würde, wenn die Amtsgerichte im ersten Rechtszug sachlich unbeschränkt zuständig wären. § 689 Abs. 3 gilt entsprechend.

Satzung des Bundesverbandes Deutscher Inkassounternehmen e. V.

in der Neufassung aufgrund Beschlusses der Jahreshauptversammlung vom 22. April 1994[1]

– Auszug –

Präambel

Die Inkassounternehmen unterstehen den Bestimmungen des Rechtsberatungsgesetzes und der hierzu ergangenen Rechtsdienstleistungsverordnung. Die kaufmännisch geführten Inkassounternehmen unterliegen ferner den Bestimmungen der Gewerbeordnung. Sie bedürfen einer staatlichen Registrierung. Diese Verbandssatzung soll dazu dienen, in Ergänzung des Rechtsdienstleistungsgesetzes, der Rechtsdienstleistungsverordnung und der die Inkassobranche betreffenden Gesetze die Pflichten der dem Bundesverband Deutscher Inkasso-Unternehmen e. V. angehörenden Mitglieder zu regeln. Sie entspricht dem historisch gewachsenen Selbstverständnis der Verbandsmitglieder und trägt der besonderen Aufgabenstellung Rechnung, die die registrierten Personen und registrierten Erlaubnisträger als Inkassounternehmen in unserer Rechtsordnung haben; sie bedeutet zugleich eine bewusste Selbstbindung der Verbandsmitglieder bei ihrer Berufsausübung.

…

---

[1] Zuletzt geändert durch Beschlüsse der Jahreshauptversammlung vom 25. April 2009.

Gesetzliche Grundlagen

IV. Satzungsrechtliche Verpflichtungen bei der Berufsausübung und Berufsrecht (berufsrechtliche Richtlinien)

§ 15 Grundsatz

1) Jedes Mitglied verpflichtet sich, sich bei der Berufsausübung an die gesetzlichen Bestimmungen und an die nachfolgenden Richtlinien zu halten. Es soll die herrschende höchstrichterliche Rechtsprechung beachten.

2) Jedes Mitglied hat seinen Beruf redlich, gewissenhaft und ordnungsgemäß auszuüben und die ihm anvertrauten Mandate in sachlich angemessener Weise unter Wahrung der Rechte der Schuldner zu vertreten. Auf die Registrierung als Inkassodienstleister soll auf Briefbögen oder ähnlichem hingewiesen werden.

3) Jedes Mitglied verpflichtet sich, sich und seine Mitarbeiter regelmäßig fortzubilden.

§ 16 Rechtsberatung

Die rechtliche Beratung der Gläubiger im Rahmen der Forderungseinziehung und in Bezug auf die möglichen Einziehungsmaßnahmen ist zulässig, wenn sie diesen Rahmen und Zusammenhang nicht überschreitet; auch die Beratung im Hinblick auf mögliche Einwendungen gegenüber der einzuziehenden Forderung ist zulässig.

§ 17 Weitergabe von Mandaten an Rechtsanwälte oder Rechtsbeistände

Die Mitglieder sind berechtigt, bei vorheriger Absprache und entsprechender Anweisung durch den Mandanten, Mandate und Einziehungsaufträge in dessen Namen an Rechtsanwälte oder Rechtsbeistände weiterzuleiten.

§ 18 Unzulässige Inkassotätigkeit

Erkennt das Mitglied, dass einzuziehende Forderungen ganz oder teilweise rechtsunwirksam oder auf sittenwidrige Weise zustande gekommen sind, so darf es für den Mandanten bei deren Einziehung nicht tätig werden.

§ 19 Verschwiegenheitsverpflichtung

1) Das Mitglied darf Einzelheiten, die ihm im Zusammenhang mit Mandaten und deren Ausübung bekannt werden, nicht unbefugt an Dritte weitergeben.

Satzung des Bundesverbandes Deutscher Inkassounternehmen e. V.

2) Das Mitglied ist verpflichtet, datenschutzrechtliche Bestimmungen einzuhalten und im Unternehmen dafür Sorge zu tragen, dass die Vorschriften des Datenschutzes eingehalten werden.

§ 20 Haftpflichtversicherung

Das Mitglied hat eine ausreichende Vermögensschadenhaftpflichtversicherung für die Unternehmenstätigkeit gemäß den Bestimmungen des Rechtsdienstleistungsgesetzes zu unterhalten und einen Nachweis darüber jährlich mit der Beitragsmeldung entsprechend der Beitragssatzung zu erbringen.

§ 21 Allgemeine Geschäftsbedingungen

Eine Vereinbarung über die Begrenzung der Haftung dem Grunde und der Höhe nach ist nur im Rahmen einer gesonderten Individualvereinbarung zulässig; erfolgt sie in allgemeinen Geschäftsbedingungen, dann ist sie nur zulässig im Rahmen der §§ 307, 308, 309 BGB, und zwar auch dann, wenn beide Vertragspartner Kaufleute im Sinne des Gesetzes sind (§ 310 BGB).

§ 22 Aktenführung

1) Die Akten sind im Rahmen der gesetzlichen Bestimmungen der §§ 239, 257 HGB zu führen; auch die Speicherung auf Datenträgern ist zulässig.

2) Alle wesentlichen individuellen Bearbeitungsmerkmale sind aufzuzeichnen.

§ 23 Vereinbarungen über die Inkassovergütung

Vergütungsvereinbarungen mit dem Auftraggeber können nach kaufmännischen Grundsätzen frei vereinbart werden, wobei sich die Vergütungssätze im Rahmen des Üblichen und Angemessenen zu halten haben und an der herrschenden Rechtsprechung zu orientieren sind.

§ 24 Fremdgeld

Fremdgeld ist auf gesonderten Konten auszuweisen.

§ 25 Belehrung der Mitarbeiter

Über die vorstehenden berufsrechtlichen Verpflichtungen sind die Mitarbeiter des Mitgliedes in gründlicher Weise zu unterrichten und auf die Einhaltung schriftlich zu verpflichten.

Gesetzliche Grundlagen

§ 26 Fortführung des Unternehmens nach dem Tode der registrierten oder Wegfall der qualifizierten Person

Das Mitglied (registrierte Person) soll Vorsorge dafür treffen, dass im Falle seines Todes und im Falle des Ausscheidens der qualifizierten Person eine qualifizierte Person das Unternehmen unter Einhaltung der Gesetze und der Richtlinien der Berufsausübung verantwortlich fortführt.

Stichwortverzeichnis

Anscheinsbeweis 15
Anspruch 10
Antwortcoupon 38
Aufrechnung 20
Ausbuchung 54
Auslandsforderungen 43
Austauschpfändung 71

Bankauskunft 80
Beweisbarkeit 21
Beweislast 18, 21
Bonitätsprüfung 10, 57, 78, 86
Bundesverband Deutscher Inkassounternehmen (BDIU) 55

Diskontsatz 77
Durchsetzbarkeit der Forderung 19
Durchsuchungserlaubnis 71

Eidesstattliche Versicherung 73
Einrede 19
Einschreiben 15
Einschreiben mit Rückschein 15
Einwurf-Einschreiben 16
Erfolgshonorar 59

Factoring 85
Fälligkeit 10, 11, 13, 50
Feedback 27
Forderungsausfälle 80, 86
Forderungspfändung 70, 72
Frage-Strategien 34
Fragearten 35
Fragetechnik 29, 34, 35

Gerichtsvollzieher 41, 69, 70
Gewerberegisterauskunft 80

Handelsregister 80
Humorvolle Mahnung 39

Informationsfrage 35
Inkassoauftrag 58
Inkassokosten 60
Inkassounternehmen 55
Inkassovollmacht 58

Klageverfahren 52
Kreditauskunft 80
Kreditversicherung 84

Mahnbescheid 48
Mahnkosten 27
Mahnschreiben 24
Mahnstufen 24
Mahnung 14, 15, 39
– humorvolle 39
– persönliche 30
– schriftliche 24
– telefonische 27
– Zugang 15
Mahnverfahren, gerichtliches 51, 64
Mängel bei Vertragsabschluss 10

Notarielles Schuldanerkenntnis 51, 52

Offenbarungseid 73

Persönliche Mahnung 30
Pfändungsbeschluss 70, 72
Pfändungsprotokoll 72
Postnachnahme 31, 41
Prozessgericht 69

Stichwortverzeichnis

Ratenzahlungsvereinbarung 49
Rechnungsstellung 85
Rechtsanwalt 54

Sachpfändung 70
Schriftliche Mahnung 24
Schufa-Auskunft 79
Schuldanerkenntnis 49
Schuldner-Strategien 43
Schuldnerregister 79
Schuldnerverzug 12, 17
Sicherheiten 50, 84
Skontoangebot 85
Soft-Power-Methoden 49
Strafanzeige 41
Stundungsvereinbarung 50

Taktik 34
Taktische Fragen 36
Telefoninkasso 30
Telefonische Mahnung 27
Titulierung 48, 68
Titulierung, einvernehmliche 51

Überweisungsbeschluss 70, 72

Verfallklausel 49, 77
Verjährung 20, 50, 55
Verjährungsfrist 20
Vertragsabschluss, Mängel 10
Vertragsfreiheit 10
Vertragsklauseln 76
Verzugszinsen 18
Vollstreckungsbescheid 48, 65
Vollstreckungsgericht 69, 70
Vollstreckungsklausel 68, 70
Vollstreckungstitel 64, 68

Wirtschaftsauskunfteien 80

Zahlungsfrist 85
Zinsklausel 77
Zugang der Mahnung 15
Zwangsversteigerung 70
Zwangsverwaltung 70
Zwangsvollstreckung 48, 65, 68, 70